東大に「合格する子」と「落ちる子」の中高6年間の勉強習慣

小学生〜高校生30年間の教育経験から得た
「田中メソッド」と東大生リサーチの結晶

田中保成
Tanaka Yasunari

はじめに

「東大目指して膨大な勉強時間を費やしたのに、とうてい受験できるレベルに達しなかった。」

と嘆く親が多くいます。

さらに

「学校や塾の先生の言葉を信じて勉強したのに……」

「勧められた教材を使ったのに……」

といった不満が続きます。

これらは総じて、東大合格者が身近にいないために生じた情報不足からだと私は思います。

断じて、お子さんの「頑張り」や「能力」が足りなかったからではありません。

もちろん、東京大学は日本の最高峰の大学ですから、そう簡単に入れるわけではありません。

それでも正しい情報を得て、正しい目標に向かって正しく計画し学習する方法を知り、実践する勉強習慣ができれば、合格の可能性は著しく高まるのです。

「勉強習慣」はどのようにしてつけるかが一番問題です。

目覚まし時計がなくても毎朝6時に目が覚める人がいますが、彼らは意識して目覚めているわけではありません。ある期間意識して6時に起きるように習慣化した結果だと思われます。

これと同様に「勉強習慣」も、粘り強く意識して取り組めば、机に着いたら勉強に取り組む思考回路が作動するようになるのです。

とはいえ、子どもたちにただ教え込むだけでできるものではありません。

まずは、本人が意識して取り組むのは大前提です。さらに周囲の大人たちは、彼らの意識下に知識として定着するまで見守り、知識が習慣となるような論理的思考回路を構築してやる必要があります。

その一助として、各項の最後に、勉強の習慣を五七五で表しておきました。これを1週間机の前に貼り、意識して習慣化に取り組むのもひとつの方法だと思います。

私たちの日本教育工学研究所には「合格への道しるべ」に載録されている5名をはじめとして多くの東大生が所属しています。その友人を含め多くの東大生の協力を得て、授業をしない塾で30年間子どもたちと学び合って磨かれた田中メソッドとの結晶として本書を刊行することができました。

受験生と、いずれ東大にお子さんを入れたい父母の方々に読んでもらい、本書の情報を活かして無駄な受験勉強を避け、東大に合格されたなら、これ以上の喜びはありません。

平成30年1月元旦　本郷にて

田中　保成

『東大に「合格する子」と「落ちる子」の中高6年間の勉強習慣』もくじ

序章

東大入試の基礎知識

第1章
中学3年間でブラッシュアップする学習能力と身体

第2章

高校3年間で実践する学習習慣①計画編

第3章 高校3年間で実践する学習習慣② 実行編

第4章
高校3年間で実践する学習習慣③テクニック編

第5章

高校3年間で実践する学習習慣④直前編

第6章

家族のサポート

終章 合格への道しるべ

カバーデザイン：オーク　小野光一

序　章

東大入試の基礎知識

前期課程で何を学ぶか（駒場キャンパス）

「どうしても東大に行きたいんだ」という人。

「とりあえず東大に行っておくか」という人。

このような人は自分が何を学びたいのか、将来どんな職業に就きたいのか、じっくり考えていないことが少なからずあります。

まぁこれはこれで悪いことではありません。というのは、東大の場合、**前期課程で幅広い学問に触れ、自分が本当にやりたい分野を見つけることができる**からです。

その見つけた分野が自分の科類（次項参照、受験時に選ぶ前期課程の分野のこと）と異なっていたら、前期課程から後期課程に進学する段階でコース変更が可能な場合もあります。いわゆる進学選択（振り分け）制度と言われるものです。

「官僚になって住みよい日本に変えたい。東大文科Ⅰ類から法学部、そして、国家公務員総合職試験に合格して財務省に入り、時機を見て衆議院議員になり最終的に内閣総理大臣になってやる」という高い志を持つ人もいるでしょう。

「AI研究をして快適な社会に変えたい。東大理科I類から工学部、そして、理化学研究所に入りノーベル賞を狙うぞ」という人もいるでしょう。

このように将来の職業を決めて進学を定めた人も、その分野で学ぶ学問の内容まではわからないので入学後、本来の興味とは異なっていることに気づくことがあります。このような人にとっても、進学振り分け制度は意義のあるものです。

ただ、**前期課程でしっかり勉強しないと本当にやりたい分野に進めない**場合があります。大学1・2年はサークルやバイトに精を出そうと考えている人にとっては厄介な制度と言えます。

前期課程は3学期制で1年夏学期を第1学期、1年冬学期を第2学期、2年夏学期を第3学期と区分して期末試験があり、その点数が進学選択に影響しますので、東大に合格した後も切磋琢磨の環境は用意されています。

科類を知る

東大の入学試験は学部ごとに募集するのではなく、「科類」で募集しています。主に後期課程で進みたい学部によって科類を選び、前期課程では幅広く基礎や教養を学びます。

理科Ⅰ類は、主に工学部・理学部・薬学部・農学部・教養学部。

理科Ⅱ類は、主に農学部・薬学部・理学部・工学部・医学部・教養学部。

理科Ⅲ類は、主に医学部（医学科）へ進みたい人が学びます。

理科の前期課程では、線形代数学などの数理科学、力学、電磁気学、構造化学などの物質科学、生命科学の他に基礎統計やアルゴリズム入門なども学びます。

後期課程ではさまざまな学部学科・コースに分かれ、特に工学部に進むコースは20種以上もありますが、前期課程でのテストの平均点が75点でも進学できないコースもあれば、平均点50点ぐらいで進学できるコースもあります。

同じように**文科Ⅰ類**は、後期課程で主に法学部、教養学部に進みたい人。
文科Ⅱ類は、主に経済学部、教養学部に進みたい人。
文科Ⅲ類は、主に文学部、教育学部、教養学部へ進みたい人が学びます。
文科の前期課程では、法学、政治学、経済学、数学、社会学などの社会科学、哲学、倫理学、歴史学、文学、心理学などの人文科学などを学びます。

後期課程は、理科同様さまざまの学科があり、特に文学部は、哲学、倫理学、宗教学宗教史学、イスラム学、日本史学、東洋史学、西洋史学、考古学、美術史学、言語学、日本語日本文学（国語学）、日本語日本文学（国文学）、中国語中国文学、英語英米文学、ドイツ語ドイツ文学、フランス語フランス文学、南欧語南欧文学、現代文芸論、西洋古典論、心理学、社会心理学、社会学等々あります。

ここでもコースと進学振り分け底点をチェックしておく必要があります。進みたいコースが平均点75点以上であれば、東大に入ってから東大生を相手に勝負することになりそうです。

後期課程で何を学ぶか（本郷キャンパス・弥生キャンパス）

後期課程では法学部、経済学部、文学部、教育学部、教養学部、工学部、理学部、農学部、薬学部、医学部の10の学部に分かれ、さらに専門分野で細かくコースに分かれます。

ここで、文科Ⅰ類は法学部に、文科Ⅱ類は経済学部、文科Ⅲ類は文学部・教育学部・教養学部に入れ、理系も同様で理科Ⅰ類は工学部に、理科Ⅱ類は理学部・農学部・薬学部に、理科Ⅲ類は医学部に、当然進学できると思っている人がいます。

しかし、「定期テストが振るわず留年」という問題とは別に、東大では先に説明したように進学選択制度があり、ボーダー点をクリアーしなければ希望する学部に進めません。

詳しい学部の紹介は、本の終わりに付録として載せました。定員等に関しては、各学部のサイトなどでご確認ください。

法学部	第一類（法学総合コース）	第二類（法律プロフェッション・コース）	第三類（政治コース）
経済学部	経済学科	金融学科	経営学科
文学部	人文学科		
教育学部	総合教育科学科		
教養学部	教養学科	統合自然科学科	学際科学科
工学部	社会基盤学科	応用化学科	電子情報工学科
	都市工学科	化学生命工学科	物理工学科
	機械情報工学科	建築学科	マテリアル工学科
	精密工学科	機械工学科	化学システム工学科
	電気電子工学科	航空宇宙工学科	システム創成学科
	計数工学科		
理学部	数学科	生物学科	地球惑星環境学科
	物理学科	情報科学科	生物化学科
	地球惑星物理学科	天文学科	生物情報科学科
	化学科		
農学部	応用生命科学	獣医学	環境資源科学
薬学部	薬科学科	薬学科	
医学部	医学科	健康総合科学科	

東大受験を知る　推薦入試と一般入試

東京大学にも2016年度から推薦枠ができましたが、後に述べるようにごく少数です。通常は、大学入試センター試験を受ける一般入試を目指すことになるでしょう。

一般入試は、センター試験の得点と二次試験の得点の合計点で合否が判定されます。

内申点は考慮されません。

ですから、高校を卒業していなくても、高等学校卒業程度認定試験に合格すれば、東大を受験できます。

大学入試**センター試験を110点満点で採点**し、**二次試験は440点満点**で採点します。そして、**合計550点満点**で合否を判定します。

ちなみに平成30年度の募集人員は文科Ⅰ類401人、Ⅱ類353人、Ⅲ類469人、理科Ⅰ類1108人、Ⅱ類532人、Ⅲ類97人、合計2960人です。

なお、現状のセンター試験は2019年度（2020年1月）を最後に廃止され、**2020年度（2021年1月）から「大学入学共通テスト」がスタート**します。記述式問題が新たに導入されることなどが決まっていますが、執筆時点では出題教科・科目や解答方法などは検討中とされています。早く決まってくれないと対策のしようがありませんが、2020年度以降の受験を考えている方は、最新情報をキャッチするよう努めてください。

東大の推薦入試は、一般入試に増して狭き門です。推薦枠は法学部、経済学部、文学部、工学部、理学部、農学部が10人、教育学部、教養学部、薬学部が5人、工学部が30人、医学部医学科が3人、医学部健康総合学科が2人程度です。前期課程から後期課程に進学する段階で学部変更はできません。

書類審査によって12月に第一次合格発表があり、合格者は12月中旬に学部ごとに小論文・面接試験を受けます。さらに翌年1月に大学入試センター試験を受け、2月上旬に最終合格者が発表されます。

大学入試センター試験での試験科目と配点

受験科目は文系（Ⅰ類・Ⅱ類・Ⅲ類）と理系（Ⅰ類・Ⅱ類・Ⅲ類）で異なります。

文系の受験科目は工業高校や商業高校に配慮した科目もありますが、一般的には英語・国語・社会・数学・理科の5教科を受けます。

英語は東大では筆記のみの200点を参考とします。国語は現代文・古文・漢文を含み200点となります。社会は「日本史B」「世界史B」「地理B」「倫理、政治・経済」から2科目200点となります。数学は「数Ⅰ・A」「数Ⅱ・B」の200点となります。理科は「物理基礎」「化学基礎」「生物基礎」「地学基礎」から2科目100点です。

理系は、理科が基礎ではなく「物理」「化学」「生物」「地学」から2科目で200点となり、社会が1科目選択で100点となります。

これらを合計して900点となりますが、これを**110点満点にして得点を換算**するのがポイントです。

たとえば、95％の855点であれば104・5点で、85％の765点であれば93・5点となります。

900点満点ではその差は90点ですが、110点満点に圧縮されると11点の差にしかなりません。

これは二次試験数学1問分（20点）の半分といったところです。

ですから、東大受験生は「大学入試センターでは足切り点を超えればいい」という意識で二次試験対策に全力を傾けている人が多いのです。

たしかに、大学入試センター試験と言えども85％の得点率から95％に引き上げるには、私の経験上、500時間以上の勉強が必要だと思われます。

二次試験対策にウェイトを置くのは、合理的な対策だと言えるでしょう。

なお、2020年度以降の試験の配点に関しては、大学入学共通テスト自体がまだ不確定なので東大も具体的な公表をしていません。ご注意ください。

東大二次試験の試験科目と配点

二次試験の試験科目と配点は、文系（文科Ⅰ類・Ⅱ類・Ⅲ類）と理系（理科Ⅰ類・Ⅱ類・Ⅲ類）で異なります。

文系は英語・国語・社会・数学の４科目を受験します。

英語は30分程度のリスニングもあり配点は１２０点です。

国語は現代文・古文・漢文を含んでいて配点は１２０点です。

社会は日本史Ｂ・世界史Ｂ・地理Ｂの３科目のうち、あらかじめ出願の際に届け出た2科目で各60点、合計１２０点満点です。

数学は数学Ⅰ・数学Ⅱ・数学Ａは全範囲から出題されますが、数学Ｂは「数列」と「ベクトル」の範囲から出題されます。また、問題の中には理系数学と共通の問題もあります。大問４題が出題され80点満点です。

トータル４４０点となります。

また、**理系は英語・数学・理科・国語の４科目を受験し、総合計４４０点**です。

英語は文理共通の問題で配点も１２０点です。

数学は数学Ⅰ・数学Ⅱ・数学Ⅲ・数学Aは全範囲から出題されますが、数学Bは「数列」と「ベクトル」の範囲から出題されます。大問６題が出題され配点は１２０点です。

理科は物理基礎・物理、化学基礎・化学、生物基礎・生物、地学基礎・地学の４科目のうち、あらかじめ出願の際に届け出た2科目で各60点、合計１２０点満点です。

国語は現代文・古文・漢文が含まれ、問題文の中には文系国語と同じ問題もあります。配点は80点です。

ただ理科Ⅲ類だけ10分間程度の自由面接があり、複数の面接員による評価を参考にされます。また場合によっては二次面接がおこなわれる場合もあります。

そして、この二次試験４４０点満点の得点と大学入試センター試験１１０点満点の得点の合計点で合否が判定されます。

平成30年度東京大学入試科目と配点

大学センター試験 900点満点を 110点に圧縮し、2次試験科目440点満点との合計550点で判定します。

文系

教科	センター試験		配点	二次試験科目		配点
国語	『 国語 』	必須	200	国語総合	必須	120
				国語表現		
				現代文B		
				古文B		
地理歴史	「世界史B」	から2科目	200	世界史B	から2科目	120
	「日本史B」			日本史B		
	「地理B」			地理B		
公民	『 倫理、政治、経済 』					
数学	『 数学Ⅰ・数学A 』	必須	200	数学Ⅰ	必須	80
				数学Ⅱ		
	『 数学Ⅱ・数学B 』	から1科目		数学A		
	『簿記・会計』			数学B		
	『情報関係基礎』			(数列・ベクトル)		
理科	「物理基礎」(「物理」)	から2科目	100			
	「化学基礎」(「化学」)					
	「生物基礎」(「生物」)					
	「地学基礎」(「地学」)					
外国語	『英語』	から1科目	200	『英語』	から1科目	120
	『 ドイツ語 』			『 ドイツ語 』		
	『 フランス語 』			『 フランス語 』		
	『 中国語 』			『 中国語 』		
	『 韓国語 』					
		合計	900			
		圧縮	110			440
					総合計	550

* 『簿記・会計』『情報関係基礎』を選択できる者は、高等学校または中等教育学校において
これらの科目を履修した者および専修学校の高等課程の修了(見込み)者だけです。

* センター試験の 『英語』のリスニングの成績は利用しません。

* 2次試験ではリスニングの問題があります。

理系

教科	センター試験		配点	二次試験科目		配点
国語	『　国語　』	必須	200	国語総合	必須	80
				国語表現		
				現代文B		
				古文B		
地理歴史	「世界史B」	から1科目	100			
	「日本史B」					
	「地理B」					
公民	『　倫理、政治、経済　』					
数学	『数学Ⅰ・数学A』	必須	200	数学Ⅰ	必須	120
				数学Ⅱ		
	『数学Ⅱ・数学B』	から1科目		数学A		
	『簿記・会計』			数学B		
	『情報関係基礎』			（数列・ベクトル）		
理科	「物理」	から2科目	200	「物理基礎・物理」	から2科目	120
	「化学」			「化学基礎・化学」		
	「生物」			「生物基礎・生物」		
				「地学基礎・地学」		
外国語	『英語』	から1科目	200	『英語』	から1科目	120
	『　ドイツ語　』			『　ドイツ語　』		
	『　フランス語　』			『　フランス語　』		
	『　中国語　』			『　中国語　』		
	『　韓国語　』					
		合計	900			
		圧縮	110			440
					総合計	550

＊　『簿記・会計』『情報関係基礎』を選択できる者は、高等学校または中等教育学校において
これらの科目を履修した者および専修学校の高等課程の修了（見込み）者だけです。

＊　センター試験の　『英語』のリスニングの成績は利用しません。

＊　2次試験ではリスニングの問題があります。

東大入試合格最低点

東大の入試問題は大変難しいものです。

毎年発表される入試データを参照すると、過去15年で文系・理系とも二次試験だけ見れば最高点は8割前後で、9割を超えることがありません。

逆を言えば、東大入試問題を見て「満点を目指して準備しよう」と考えた時点でタイムオーバー。**確実に最低点を超える手を考えるべき**なのです。

東大の二次試験は記述式が中心なので、採点に関しても時間がかかります。そこで、募集人員の3倍程度に絞り込む第一段階選抜を実施しています。

それが大学入試センター試験での「足切り」です。足切り点と合格最低点を調べて受験戦略を立てましょう。これらの情報も、毎年東京大学から発表されています。

	定員	センター試験 足切り点	センター試験 最高点	センター試験 圧縮後の点数差	合計 最低点	合計 最高点	足切り点者の逆転最低点	足切り点者が何%とればいいか
文科Ⅰ類	401名	571点	877点	37点	355点	454点	285点	**65%**
Ⅱ類	353名	623点	882点	32点	349点	455点	273点	**62%**
Ⅲ類	469名	732点	876点	31点	344点	464点	268点	**61%**
理科Ⅰ類	1108名	660点	891点	28点	347点	480点	266点	**60%**
Ⅱ類	532名	701点	883点	22点	335点	459点	249点	**57%**
Ⅲ類	97名	695点	891点	24点	407点	482点	323点	**73%**

上の表で2017年度の実績を紹介します。

ここで注目してもらいたいのは、第一段階合格者のトップの点数と最下位の点数の差が110点に圧縮されると、たった30点前後にしかならないということです。

足切り点ギリギリの人が逆転で合格するための二次試験での最低点も計算すれば求められます。つまり足切り点者は二次試験で57〜73%とればいいのだとわかるのです。

この結果から、東大受験戦略の基本方針を立てると、**大学入試センター試験では80%程度で仕上げ、二次試験では65%程度で仕上げる計画を立てるのがいい**ということになります。

第1章

中学3年間でブラッシュアップする学習能力と身体

中高一貫校と高校受験に向けた中学との準備の違い

中高一貫校は授業カリキュラムを柔軟に構成できるので、中学二年生あたりから実質高校の内容を教えているところもあります。さらに科目によっては中三までに高校の教科書レベルの内容は教え切っている学校もあるようです。

いずれにしても、**高二までに受験科目の全範囲が修了するようなカリキュラムの学校であれば、その授業のベースに合わせて学習をしていけばいい**と思います。

それに対して、高校受験に向けた中学校では、授業カリキュラムは中学校の内容に限定されます。

この本では、基本的にこの「高校入試のある」中学生の勉強を念頭に置いてお話ししますが、彼らが東大受験を考えるとき、2つの方法があります。

ひとつは、塾などを利用して**中高一貫校のカリキュラムと同じペースで学んでいく方法**です。

ただ、学校と二重の負担がかかります。それに、中三の後半では高校受験に向けた勉強をせざるをえないので、高校の内容に関しては足踏みせざるをえません。

もうひとつは、**学校のペースで学習する**ことです。

学校での学習成績を維持しつつ、生徒会活動や部活動もリーダーシップをとってできると安心です。でも、何よりも中学の間に重要なのは、勉強する習慣をつけつつ、のびのびといろいろな経験をすること。**心身ともに豊かに成長する中学生活を送るのは、一生にとって非常に大切**なことだと思われます。

ただ、東大受験に必要な学習時間という視点からすると、中学3年間で2000時間程度の不足が出てしまうので、これを高校3年間で追いつくためには、**高校では東大受験に向けた勉強中心の生活にならざるをえない**ことを覚悟しましょう。

覚悟さえできれば、何も不安はありません。

01 合格する子は、文武両道 落ちる子は、部活命

↓日々の生活で体と精神を成長させる習慣

「文武両道」はよく中学校の校長室や体育館で目にする言葉ですが、これを中学生に対して使う場合、「文」は学業で「武」は部活動のことを指すと思われます。

部活動といっても、美術部や吹奏楽部、演劇部など文化系のものもありますから、ひとくくりに「武」と言ってしまうのも乱暴ですが、まあ、「勉強も部活も両方とも頑張りなさい」ということなんでしょうね。

多感な時期に部活動で培った精神力、友情……　たしかに部活動で得られる一生ものの宝物も多いものです。

しかし、**本気で東大を狙いたかったら、部活動を単に「好き」で決めてしまっては、後悔する**ことになります。

ほとんどの生徒は、入学後の部活紹介や部活体験を通して入る部を決めていますよね。

そのとき、3年間の部活時間や活動内容、試合スケジュールや発表会スケジュールを調べないで決めていませんか？

しかし、「部活時間が長い」「思ったよりハードで、帰宅したらクタクタ」「土日も練習や試合があって勉強時間がとれない」とか、「中三の6月には部活が終わると思っていたのに9月の大会まで現役だった」「12月まで発表会があった」などと勉強時間がとれない状況になって初めて部活選択の重要性に気づく人が多くいます。

それでは手の打ちようがありません。

一度部活動を始めれば、勉強より楽しいと感じる子も多くいますし、そうでなくても子どもの世界の人間関係によっては、そう簡単に部活をやめることはできません。

ぜひ、しっかり考えて部活動を選択してください。

親御さんも、子どもの部活選択に関心を持って聞いてみるといいでしょう。

勉強を　頭において　部活動

02 合格する子は、リーダーを買って出る 落ちる子は、目立たず控えめに過ごす

↓ 内申点を積み上げる習慣

東大を目指そうかというお子さんなのですから、クラスの中で学級委員をやったり部活の部長をやったり、何かと目立つ子が多いのではないでしょうか。

でも、あまり自分から進んで行動せず目立たない子もいます。

その原因は大きく分けて2つのタイプに分かれます。

ひとつは人とあまり関わりたくないタイプ。もうひとつは自信がないタイプです。

前者の場合は、ひとつの個性ですからそう心配ありませんが、あなたのお子さんがもし後者だった場合、自信がない子に自信を持たせるにはどうすればいいと思いますか？

成績は上位なのに「自信がない」というのは、成績以外のところにコンプレックスがあるのかもしれません。

「他人と比べて自分が劣っていると感じるから、自信がなくなり言動も消極的になるのだから、まずは人のことは気にしないようにしなさい」

というアドバイスがいいでしょうか。

しかし、偏差値をはじめ人と比べられる評価を長年受けてきたので、子どもも本人も他人と比べる考え方が染み込んでいます。

そのアドバイスが本筋だとしても、そう簡単に思考習慣を変えることはできません。

そこはやはり、**まずは学力をさらに上げて自信を持つ**ことが必要でしょう。

そして、ある点で絶対的な自信を持てたところで、人に勝って喜ぶのではなく、自分の向上を喜ぶような考え方ができるような指導ができると、子どもは伸びます。

内向的な性格だからとあきらめることなく、得意な勉強で自分に自信が持てるようにサポートしてあげてください。

自信を取り戻したら、自然と前向きにリーダー役も買って出る子になるでしょう。

勝って　兜を　脱ぎ捨てろ

03 合格する子は、中一の憧れで志望高校を選ぶ 落ちる子は、中三の2学期に志望校を選ぶ

↓中一からトップを目指す習慣

中高一貫校も増えましたが、そうでない多くの中学生の関門は高校受験です。受験する高校を中三の2学期になってから決める子が多くいます。逆に言えば中一の段階で志望校を決めていないということでもあります。

あなたのお子さんは、どうでしょうか。

志望校を決めていないと、日々の勉強は「授業を受けること」が中心で、受け身になりがちです。校内テストの点数が悪くても、つい「今度がんばればいいか」という気分になってしまいます。

それに対して、部活の試合結果や発表会の評価は、即、わかります。自分ががんばらないと、部の迷惑になったりもします。校内テストより部活動に重きを置いた日常生活になってしまうのは必然の結果ということになります。

そこで、**勉強にも関心がいく日常生活を送らせるには「中一の段階から志望高校を決めること」**が大切です。

決める基準は憧れでいいのです。

たとえ偏差値30アップを要求されるような学校でもかまいません。

公立高校であれば、中学の教科書の内容以外に出題されることは絶対にありません。

ですから、**授業中心にして校内テストに向けて最大限の努力を3年間続ければいい**のです。

努力が学力に一番反映される時期です。

一発逆転も大いにあり得ます。

ぜひ中学入学と同時に、高校見学をしてください。

文Ⅱ合格のMさんは、東大受験を視野に入れて中学から志望高校を決めたので、高校に入ってからの勉強は大変だったけれど東大受験へのモチベーションは落ちることはなかったとのことです。

目標が　なくて努力は　できぬもの

04 合格する子は、予習をする
落ちる子は、授業を新鮮に聴く

→教科書をとにかく反復する習慣

小学校までは

「予習をしないほうが、授業を新鮮に受けられていい」

「初見なので集中できてよく頭に残る」

という子が少なからずいることも事実です。

しかし、中学からは、これが通用しないと思っていたほうがいいでしょう。

というのは、そもそも小学校は「日常生活をつつがなく過ごせるようにする義務教育」なので、年齢相応の日常生活を送っていれば、授業の予習をしていると同然とも言えるのです。

たとえば、小学で習う漢字は、その年齢の子が日常生活で見聞きした事柄を表すときに使う漢字です。また同様に、小学で習う社会・理科は、家庭やテレビで見聞きする事柄の理解なのです。

ただ、中学になるとそうはいきません。

因数分解を日常生活で使うことはありませんし、英語の関係代名詞を使った英会話文をテレビで聴くことも稀だからです。

中学の教育は「日本人として社会生活を送るために必要な知識・技能」を身につけるためだからです。

学力向上のオーソドックスな方法として昔から「**予習・授業・復習**」と言われてきました。

これは現代でも同じです。

東大を目指す子でも、中学生の間は学校の授業を中心にするので充分です。

教科書の予習をしっかりし、授業を聞いて肚に落とし、さらに家に帰って復習するというくり返しを徹底しましょう。

予習して　授業を聴けば　わかるのだ

05 合格する子は、苦手科目に取り組む 落ちる子は、得意科目を伸ばす

↓ 苦手科目を克服する習慣

あなたのお子さんに、苦手科目はありますか。

そもそも得意科目と苦手科目の区別の基準は何でしょうか。

ほとんどの子が高得点科目を「得意科目」と言い、そうでない科目を「苦手科目」だと思っています。

「国語が苦手」「数学が苦手」

そういう思いを一度持ってしまうと、その勉強はなるべく避けて、自信のある分野の勉強に偏って力を入れがちです。

でももしかすると、たまたま、あるテストの準備が充分できなくて高得点が取れなかっただけかもしれません。

それが原因でその科目への学習意欲が下がり、取り組む勉強時間が減った。そうし

た悪循環の結果が精神的に反映した感情が「苦手」となっているのかもしれません。

本来、得意・不得意はその人の資質と関係づけられて表現されるものです。

たとえば、運動能力が低い人は「運動が苦手」。歌がうまく歌えない人は「音楽が苦手」。彼らは、苦手を克服したからといってその道のスペシャリストにはなれません。

でも、勉強は違います。

苦手科目を克服すれば、日本のトップレベルになることも不可能ではありません。

なぜなら、**苦手科目はその人の資質とは関係ないから**です。

ぜひ、**中学の間に苦手科目を作ってしまわないよう、得点が低かった科目もしっかり勉強する**ようにしましょう。

理Ⅱ合格のFさんは、苦手科目で間違った問題は、その問題を解くために必要な知識や公式などをすべて抜き出し、徹底して復習することを習慣にしていたと言います。

まさにこれなどは、苦手科目に対する悪循環を断ち切る良いお手本だと思います。

わからない　忘れたことが　あるだけよ

06 合格する子は、わからなくても答えをヒントに考える 落ちる子は、わからなければすぐ教わる

「考える」と「思い出す」との違いを知る

中学高校に限らず、**「考える」→「わかる」の思考習慣をつける**ことは学習の中で非常に大切です。

試験には制限時間があります。

ですから、試験問題は「考えて答える」というよりは「蓄えた知識を検索して答えている」といったほうがいいかもしれません。

つまり、思い出せるかどうか、直観力がはたらくかどうかという問題であって「わかる」という感覚とは次元が違うように思われます。

論理的に「わかる」までは、当然「わからない」状態です。

「わからない」状態の中で、これまで蓄積した知識を呼び起こして試行錯誤します。

つまりウンウン「考える」わけです。

そうする中で、蓄積した知識と知識がぶつかり合って知的化学反応を起こし、筋道が見えたとき「わかった!」となるのです。

そうならなければ、「わからない」状態が続くだけのことです。わかるまで、ウンウン知識を呼び出して試行錯誤するといいでしょう。

そうした**「ウンウン考える」思考習慣が、難解な問題を解く脳のスタミナをつけることにつながります。**

私の塾で「難しい問題でわかりません」と質問に来る子の多くは、それまでに学んだことをただ忘れているだけという場合がほとんどです。

理Ⅱ合格のWさんは、中学生のころからわからない問題もすぐ教わるのではなく、答えから考え方の大筋を推理していたようです。

「わかった」は　試行錯誤の　終点だ

07 合格する子は、暗算がスラスラできる
落ちる子は、計算を紙に書く

↓計算を速くする画期的なトレーニング習慣

「考える」とは2つの事柄をしっかり観察するところから始まります。その次に異なっている部分に気づき、そしてその違いが生じたのはなぜなのかを推理していくといった一連の知的作業なのです。どんなに複雑な思考でも、この積み重ねでしかありません。

試験の問題を解くときなどは、この思考作業を何回もくり返すわけですが、その思考スピードの違いが、どうも理解度と比例しているのではないかと思われます。

つまり、**思考スピードが速い子は理解が速い**傾向があるのです。

そして、そうした**思考スピードは、計算スピードを速めるトレーニングをすることで、身につけられる**ものなのです。

数十人の東大生にたし算九九・ひき算九九・かけ算九九・わり算九九（巻末に掲載）に挑戦してもらった結果、全員が１００問を1分30秒以内で解き、半数以上が1分以内でした。

この計算スピードは、小学生のころに通っていた公文式や学研教室といった近所の塾での練習の成果という人もいれば、珠算教室での暗算練習、自宅でのプリント学習まで多種多様の経験を聞くことができました。

ただどのような方法をとったかは別にして、**東大生は結果として相当の計算スピードを身につけている**のは確かなようです。

ですから、ぜひ「中学生なのに、今さら九九？」などと思わずに、計算スピードを磨いていってください。

巻末の計算九九を使って、1分30秒を目標に時々計算スピードを測定するのもいいかもしれません。私の塾に来る生徒さんたちは、勉強前のアタマならしやゲーム感覚で楽しんでいるようです。

暗算で　思考スピード　上げていく

08 合格する子は、解き方をイメージする 落ちる子は、解く式を暗記する

↓ 思考過程をイメージ化させる習慣

数学の文章題を解くにあたって、その思考の方法にはいくつかあります。

まず、授業で解き方の説明を聴いて、その手順の式をパックにして覚える方法があります。この方法でも同じ問題や類題は解けます。

ただ、なかなか応用が利きません。

次に、それぞれの式にそれが表している意味をつけていくという方法があります。この方法であれば、考える過程を分析的に理解するので、類題だけでなく応用問題にも対応できます。

そして、式だけでなく図や絵、そして面積図などビジュアル要素も一緒に理解しておくと、相当難易度の高い問題にも対応することができるのでオススメです。

思考過程をイメージ化するということです。

ただ、ふつうテストや練習問題では問題を解かせるだけで、あなたのお子さんが本当に式の意味まで理解しているかどうか、正確に判定することはできません。

理解度を100％判定するにはどうすればいいでしょうか。

それは、解き方を口頭で説明させればいいのです。

いわゆるストーリーとしてしゃべらせると、子どもがどういう過程を踏んでその答えに至ったのかがわかります。

文I合格のKさんは、小学生のころから算数だけでなく社会や理科も先生になった気分で一人授業をしていたそうです。

中学生になっても、そうした練習の相手役になってあげられるといいですね。

プレゼンは　理解深める　いい機会

09 合格する子は、漢字の意味を推理しながら読む
落ちる子は、読めない字を飛ばして読む

→ 漢字を文章の中で覚える習慣

小学生の低学年のころ、「教科書を読む」宿題を聞いてあげた経験のある親御さんは多いと思います。

しかし高学年ごろから、読書は黙読が中心になります。

そうなると、読めない漢字を間違って読んだり、わからない言葉をそのまま読み過ごすことがあっても、外部から把握できません。

音読をさせると、飛ばして読んだ言葉もわかりますし、その内容を理解しているかどうかも、ある程度把握することができます。

中学生でもできる限り音読をさせたいものです。

だからといって、正確に音読すれば、文章の内容が理解できるというものでもあり

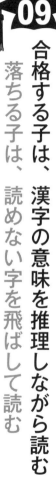

ません。

わからない言葉は、ほとんどが熟語です。つまり、熟語が読めてもその意味がわからないという場合が多いのです。

ですから、まず**熟語の読み書きを練習するときに、意味までしっかり暗記**するように教えましょう。

次に、「文章の中でわからない言葉が出てきた場合は、できるかぎり**推理して読み解き、後から調べる**」という習慣を身につけさせると、語彙力が飛躍的に強化されます。

東大の入試問題でも熟語を書き下し、省略された接続語を補充すれば理解できる中学生もいます。

ですから、国語読解の勉強方法がわからないという前に、まずは熟語の意味を再確認しましょう。

熟語さえ　書き下せれば　読み取れる

10 合格する子は、意見を言う　落ちる子は、感想を言う

↓スピーキング力を強化する習慣

「事実」と「意見」はどう違うのでしょうか。
また、「意見」と「感想」はどう違うのでしょうか。
そして、「事実」と「真実」はどう違うのでしょうか。
あなたは、日ごろから意識して話し分けていますか？

「**事実**」は、他の人でも確かめることができる事柄です。その「事実」が現実の事柄と一致すれば「**真実**」の「事実」となりますし、一致しなければ「虚偽」の「事実」となります。

「**意見**」はその人の思考習慣に基づいた判断です。そして、「好き／嫌い」「美しい」「美味しい」「心地いい」といった「**感想**」は、その人が育った環境によって形成され

た感性に基づく評価です。

「この靴はダサイから嫌い」

は真実かどうかわからない事実に基づいて「感想」を述べています。

「日本の少子化を移民で解決すべきではない」

は真実の事実に基づいて「意見」を述べています。

常日ごろから、**これは事実なのか、考えながら話すくせをつけると、論理的な思考が持てる**ようになります。

また、「意見」は、親の立場、子どもの立場、教師の立場、校長の立場、教育委員会の立場などそれぞれの立場を背景に形成されるものです。ですから、「立場が変われば意見も当然変わってもいい」ことをご自身が理解し、**子どもにも「子どもの立場として」意見を言うことを勧めましょう**。子どもが意見すると親御さんが「何言ってるの、偉そうに」と潰してしまうような場面を度々見ます。もったいないことです。

文I合格のMさんはじめ多くの東大生は中学校のときから自分の意見が言える家庭環境で育てられているようです。

嫌いでも　納得すれば　受け入れる

11 合格する子は、脳のスタミナをつける
落ちる子は、脳のスタミナがない

↓ **脳のスタミナをつける習慣**

早く覚えると「暗記力がいい」と思われます。

早く理解すると「呑み込みがいい」と思われます。

複雑な手順を読み解くと「頭がいい」と思われます。

ですから、子どもたちは「勉強時間が短くて成績がいい子」が「頭のいい子」という評価をするようです。

逆に言えば、長い時間勉強していい成績をとっても、それをかっこ悪く思う子もいるようです。

昭和な言い方で言うと「ガリ勉」に見られるのがイヤなのでしょうか。

なるべく「あんまり勉強してないけど、なぜかいい成績とれちゃう」風を装ったりもします。

確かに、「勉強時間が短くて成績がいい子」は集中力があるので他の子と比べて短時間で覚えたり理解したりすることができます。

こうした子の中には小学生までは授業時間ですべて理解できてしまう子も結構います。中学生になっても、少ないですがいます。

しかし、高校生になって、自宅学習0時間で日本のトップクラスの成績を保持する子は、少なくとも私の周りにはいません。

やはり、学者であれ、芸術家であれ、起業家であれ、トップアスリートであれ、地道な努力なくしてその結果は生まれません。**地道な学習と思考、その継続が勉強の楽しみを生み出していった**のではないでしょうか。

ですから、**小中学校までの学習での一番の評価ポイントを脳の集中力とスタミナに**置いておけば、将来あらゆる分野において役立つことでしょう。

東大生は生まれつき頭がいいと思われているふしもありますが、私の周りの東大生は、（本人が努力している意識があるかどうかは別として）物事に取り組む集中力と持続力が高い人ばかりです。

継続は　力とともに　楽しみも

12 合格する子は、テストのダメ出しをする 落ちる子は、テストからの解放感を楽しむ

↓試験問題を思い出す習慣

あなたのお子さんは、今日のテストで何が出題されたか、帰宅後にスラスラと思い出すことができるでしょうか。

テストが終わったら、結果が出るまで（返却されるまで）放置してしまっていませんか。

囲碁や将棋などで、対局後に開始から終局まで、またはその一部を再現して、対局中の手の善悪や、その局面における最善の手などを検討することを「感想戦」と言います。

校内テスト・模擬試験においても、「感想戦」が必要だと思います。

そうでなければ、できた原因もできなかった原因も分析できません。

第1章　中学3年間でブラッシュアップする学習能力と身体

たとえば、試験に向けた準備時間で対応できたのかどうか。

問題文をちゃんと読み取れたかのかどうか。

こうした視点から反省するには、問題文を記憶しておかなければなりません。

テストが返却されてから、間違ったところだけ直して終わりにしている子が多くいます。このような一回的作業をしても、その理解はなかなか定着しません。そのレベルで満足していると、分析力も身につきません。

そこで、**テストが返却される前に、どんな問題が出されたのかを思い出す**ことが重要です。

どのように解いたのか、また、その結果である答を○×△で評価してみましょう。

継続すれば、問題文の読み間違いなども防げるようになるでしょう。

東大に合格する子は、小中のころから問題文を思い出す習慣が身についている子が多いようです。

模擬試験　時間終了は　終わりでない

13 合格する子は、リズミカルに生活する 落ちる子は、夜更かしする

↓ 生活リズムを保つ習慣

中学生で身につける一番重要な習慣は、日常生活のリズムです。起床から食事、習い事（塾）、勉強時間、そして、就寝時間などをくり返して、日々のリズムを作っています。

「おはよう、もう起きる時間よ」「朝ごはん早く食べなさい」「着替えは済んだの？歯は磨いた？」「ほら、遅れるでしょ、学校に行ってらっしゃい！」

小学校までは、こんなふうに親が日常生活のリズムを主導しています。親が作ったルールに従って、親も子どもも過ごします。

しかし、中学生になると、起床時間は親がコントロールできても、就寝時間までコントロールすることはできません。

さらに、食事時間なども塾や部活によって左右されますし、日曜・休日に試合や演

奏会などが組み込まれることもあり、家族の生活リズムも変化してきます。
そうした**リズムの崩れが、実は試験の合否にも大きく関わる**のです。

特に、睡眠は大切です。

小学校のころは午後10時までには就寝していた子が、中一で午後11時となり、中二で午後12時となり、中三になるといつ寝たのかもわからない状態になってしまったなんて例はざらです。

夜更かしの習慣を身につけてしまった子は、中学校までは成績上位者であっても高校でその習慣を変えないと徐々に成績が下がっていく傾向があるのです。

ですから、そうならないためにも**中学生のときにできるだけ時間厳守の躾をして生活リズムを身につけさせておく必要があります**。

生活リズムの基本は、１日の始まりである起床時間です。

自分の意志で起きる習慣を身につけさせてやることが、大学受験の準備になるとも言えるのです。

朝起きる　時間決めれば　夜決まる

14 合格する子は、遊び空間と勉強空間を区別する
落ちる子は、遊びも勉強も同じ空間でする

↓ 勉強環境を整える習慣

「子ども部屋は必要か」という問題は、ファミリー世帯でよく議論になります。

小学生までは、リビングやダイニングのテーブルで勉強して、親が家事の合間に見てあげることも多かったでしょう。

中学生になったら、家族と一緒を嫌い、自分の部屋をほしがる子が増えます。思春期まっさかりで、親子間のコミュニケーションが変わっても当然です。

しかし、**こと勉強に関しては、子ども部屋の有無は合格に「まったく関係ない」**と言っていいでしょう。

というより、単に子ども部屋を与えているだけであれば、子どもにとっては無理難題を突き付けられた状況になります。

というのは、子ども部屋にテレビやネットはないとしても、マンガや雑誌、スマホ

などは手を伸ばせば届くところにあるわけです。勉強しようと思っていてもそれを妨げる誘惑がいっぱいあることになります。

ではどうすればいいでしょうか。

解決策のひとつは、**子ども部屋の中に勉強だけする空間を設ける**ことです。

机を本箱やカーテンで囲み、視野の中には勉強に関係するものだけ置くようにするといいでしょう。

子ども部屋がない場合は、廊下の突き当たりに机を置くとか、クローゼットや押入れを改造するとかして、やはり**子どもが勉強だけする空間を作る**のです。

そして、屋外の騒音や、「弟がうるさい」など室内の気になる音がある場合はイヤホンで音楽を聴きながら勉強をすればいいでしょう。個人差はありますが、音楽は勉強環境を整えてくれる作用があるようです。

理I合格のSさんは小学生のときはリビングで、中学からは家族の生活リズムと少しずらし**階段・廊下を含めたあらゆるところを勉強スペースにした**とのことです。

誘惑を　断ち切るよりは　離れよう

15 合格する子は、マンガで気分転換する
落ちる子は、ゲームにハマる

↓ゲーム脳にならない習慣

中学生に限らず、受験生活で心がけなければならない事柄が4つあります。

第一は、**充分な睡眠**です。

小学生までは午後9時までには寝る習慣の子も多くいますが、中学生になるとだんだん遅くなり中三ともなると午前0時を超える子も少なくありません。受験勉強のためという理由もあります。確かに学力を上げるには、それなりの時間の勉強も必要になります。しかし睡眠第一だと心得ましょう。

第二は、**バランスのとれた食事**です。

特にビタミン類は体内で合成することはできません。好き嫌いのある子は勉強に集中できないことが多く、ビタミン欠乏症の症状を疑う必要があります。

第三は、**適度な運動**です。

宅浪の大学受験生だと年齢的にも注意を払う必要がありますが、引きこもっていない中学生であれば、通学や体育の授業があるので、これに関して言えば、それほど注意を払う必要はないでしょう。

第四は、**ストレス解消**です。

中学生はじっと座って勉強するだけでストレスが溜まる年代です。ですから、ストレス解消の方法を見つけ、その時間を確保しなければなりません。

「またゲームばかりして！」

と叱ったりせず、ストレス解消のひとつの方法としてマンガやゲームなども認めてあげてください。

ただ、ゲームの中には直接脳に刺激を与えるものがあるので依存症にならないよう時間設定が必要です。脳への刺激という観点からは、マンガのほうをオススメします。

ストレスを　解消するに　マンガよし

第2章

高校３年間で実践する 学習習慣 ①計画編

中学と高校での授業科目の違い

中学での授業科目は英語・数学・国語・社会・理科・音楽・美術・保健体育・技術家庭でした。

内容で分類すると、下記のように分かれます。

英語：リスニング、スピーキング、リーディング、ライティング

数学：代数、幾何、確率・統計

国語：現代文、古文、漢文

社会：地理、歴史、公民

理科：生物、化学、物理、地学

実は、高校で習う科目もほぼ同じ分類です。

これらの内容分類が独立した科目となります。

ただ、中学校ではどの分野であれ、結論に重点を置いて教えていました。
ですから、勉強は暗記が中心でした。それでテストの点数がよければ得意科目となり、点数が低ければ苦手科目になりがちだったのです。

しかし**高校に進むと、科目は同じように見えますが、論理過程が中心**となります。
中学より**「考える」比重が高まる**のです。

ですから、理科が得意だと思っていたのに、高校の物理基礎に触れたときにその現象分析に戸惑って思考が停止してしまう子も多くいます。
また、数学が得意だと思っていたのに高校数学で使う数学用語の概念をイメージする段階で思考停止になってしまう子もいますし、その段階を越えたけれど一段上がった抽象的思考についていけない子も出てきます。

こうした違いを踏まえて、中学までとは別次元に深い学習を楽しんでいきましょう。
なお、この章からは受験生本人に向けて語りたいと思います。

16 合格する子は、高一で科類を決め受験科目と配点を知る
落ちる子は、高三で科類の違いを知る

↓科類ごとの受験科目・配点を知る

高校の入試科目は、国公立が英数国社理の5科目で、私立は英数国の3科目がほとんどです。そして、入試問題のレベルは教科書の範囲内でした。

中学生の間は授業を中心にして定期テスト対策をしておけば、そのまま高校入試対策にもなりました。

しかし、高校になったら、中学時代と同じように授業の予習と復習をして定期テスト対策をしておけばいいというわけにはいきません。

なぜなら、大学受験では、大学によってまた学部によって受験科目が異なるからです。さらに、入試問題が教科書内容からかけ離れた難問が出題される大学も多くあります。東大はその極致です。

第2章　高校3年間で実践する学習習慣①計画編

高一のとき、とりあえずすべての科目に平等の力をかけて取り組み、多くの時間を費やしたという人は、進級するための勉強時間以上の時間は、東大合格という視点からは浪費となるのです。

ですから、これから東大を目指そうという人は、少なくとも高一の夏休みまでには**入りたい科類を決定してほしい**ものです。

そうすれば、**必要な科目に、最大限の学習時間を充てることができます。**

進みたい学部、そして科類を決めれば、センター試験と二次試験の受験科目と配点、さらにセンター試験と二次試験の比率に関して正しい情報を得て、効果的な受験対策ができます。

序章でお話ししたように、東大は900点満点のセンター試験を110点満点に圧縮し、大学独自の二次試験440点との合計点で合否を判定します。

なお、2020年度以降は大学入学共通テストに移行予定なので、個別試験も含め配点はまだ発表されていません。

高一で　志望決めれば　浪費なし

17 合格する子は、高一で目標点を設定している
落ちる子は、高三でも合格最低点を意識していない

↓合格最低点を超えるための道のりを知る

もうひとつ、**合格最低点**がわからなければ効率的な受験準備はできません。合格最低点をもとに、**目標点**を設定します。

高一の段階で目標点を設定する理由は2つあります。

ひとつは**東大の入試問題全体を見てほしい**からです。それによって、「これは相当勉強しなければならないな」という自覚を持つでしょう。

もうひとつは、実際に目標点を設定することによって、目標に向かって進む覚悟が決まるものだからです。勉強時間の配分にも気を使うようになるでしょう。

ここで、東大の理科一類と理科三類を例にとって説明します（2016年）。

序章でお伝えしたようにセンター試験（900点満点）での選抜合格最低点は、理

科一類が728点で理科三類が694点です。この点数未満の人は二次試験を受けることができません。そして、センター試験の配点は110点満点に圧縮され、440点の二次試験との合計550点満点で合否が判定されます。この最終合格最低点は、理科一類が328点で理科三類が389点となります。

ここで理科一類の目標点の試算方法例をお教えしましょう。

まずセンター試験の最低点が728点なので安全策をとって750点を目標点とすると、110点満点では91点となります。合格最低点328点なので、15点プラスして343点とるのを目標とすると、二次試験では252点が目標点となります。

これを科目別に配分し、努力さえすれば得点できる英語で75％（90点）、危険性のある数学は60％（72点）、さらに危険性のある物理は50％（30点）、危険性の少ない化学は60％（36点）、そして国語は時間を割けないので30％（24点）。これで合計252点を目指します。

このような試算をして目標点を設定して机の前に貼っておけば、常に東大受験を意識した生活習慣が身につくでしょう。

㊙ 日本教育工学研究所　東大理科Ⅰ類合格戦略

学年	組	番号	氏　　名
			本郷　世界

大学	学部	学科
東京大学	理科Ⅰ類	

大学センター試験					2次試験			
科目		大学センター試験配点	配点	目標点	科目		配点	目標点
数Ⅰ・A		100	12.22…	10.4(85)	数Ⅰ・A			
数Ⅱ・B		100	12.22…	10.4(85)	数Ⅱ・B		120	72
数Ⅲ・C					数Ⅲ			
英語		200	24.44…	22(180)	英語		120	90
国語	現国	100	12.22…	9.8(80)	国語	現国	40	15
	古文	50	6.11…	4.9(40)		古文	20	4
	漢文	50	6.11…	4.9(40)		漢文	20	5
理科	物理	100	12.22…	10.4(85)	理科	物理	60	30
	化学	100	12.22…	10.4(85)		化学	60	36
社会	日本史	100	12.22…	8.6(70)				
合計点		900	110	91.6(750)	合計点		440	252
					合格者平均			
大学センター試験と2次試験との合計目標点								343点
大学センター試験と2次試験との合格最低点								328点
プラス15点は合格最低点が上がっても合格可能性大								

ダウンロードはこちら　https://edulab.jp/todai/
日本教育工学研究所
『東大に「合格する子」と「落ちる子」の中高6年間の勉強習慣』特設ページ

日本教育工学研究所

㊙ 日本教育工学研究所　東大文科Ⅰ類合格戦略

学年	組	番号	氏　　名
			東　太郎

大学	学部	学科
東京大学	文科Ⅰ類	

大学センター試験					2次試験			
科目		大学センター試験配点	配点	目標点	科目		配点	目標点
数Ⅰ・A		100	12.22…	7.3(80)	数Ⅰ・A		80	40
数Ⅱ・B		100	12.22…	7.3(70)	数Ⅱ・B			
数Ⅲ・C								
英語		200	24.44…	21.9(180)	英語		120	85
国語	現国	100	12.22…	9.8(80)	国語	現国	60	30
	古文	50	6.11…	4.9(40)		古文	30	20
	漢文	50	6.11…	4.9(40)		漢文	30	20
社会	日本史	100	12.22…	10.9(90)	社会	日本史	60	40
	世界史	100	12.22…	10.9(90)		世界史	60	40
理科	物理基礎	50	12.22…	3.7(30)				
	生物基礎	50	12.22…	3.7(30)				
合計点		900	110	89.2(730)	合計点		440	275
					合格者平均			
大学センター試験と2次試験との合計目標点								364.2
2016年度　大学センター試験と2次試験との合格最低点								352
2016年度　大学センター試験と2次試験との合計合格者平均								379

目標点　東大意識　保つため

ダウンロードはこちら　https://edulab.jp/todai/
日本教育工学研究所
『東大に「合格する子」と「落ちる子」の中高６年間の勉強習慣』特設ページ

18 合格する子は、試験日まであと何日か知っている 落ちる子は、試験日半年前になって焦る

➡本当に学習できる学習可能日数を知る

高校では一般的に定期テストが4日間かけておこなわれ、その1週間前から部活動が停止されます。そして、ほとんどの高校では1年間で定期テストが5回あります。ということは、少なくとも年間55日は学校の定期テスト対策をしなければならないことになります。

そもそも定期テストをするのはなぜでしょうか。

高校は生徒が学習指導要領に基づいた内容を修了したということを認定する役割を持っているからです。逆に言えば高校卒業認定を出せるだけの勉強をしてくれればよく、乱暴に言えば「赤点は非常に気になるが大学受験のことはさほど関心がない」というのが本来の高校教師の立場なのです。ですから、部活動に強制的に参加させる高校すら存在するのです。

しかし、**高校の定期テストは受験科目ともレベルともリンクしていません。**

ましてや、**東大の一般入試では、内申点は考慮しません。**

定期テスト対策期間は、単に大学受験勉強ができない期間として扱う必要があるということになります。

試験日までの日数から、こうした行事を引いた日数が、本当の**学習可能日数**です。

体育祭、文化祭、クラスマッチ……　どんな行事が予定されているでしょうか。

家庭の事情等で勉強できないことが確定している日はないでしょうか。

センター試験の実施日は例年1月第2週か第3週の土日。

学習可能日数を算出した日が、東大合格プロジェクトのスタート日です。

文I合格のDさんは、東大を目指そうと決心した高二の7月に試験日から逆算して勉強できる日を計算し、さらに受験勉強に使える合計時間を算出してから教科別の学習計画を立てたということです。

試験日を　起点に時間を　逆算す

19 合格する子は、日常生活サイクルを決める
落ちる子は、その日暮らしの生活スタイル

↓ 24時間日記をつけて日常生活を客観視する

高校生活の少ない日数のうち、**1日全部自由に使える日は土日祭日と夏休み等の長期休暇のみ**です。にもかかわらず、何の根拠もなく「1日6時間は勉強したい」と学習計画を立てる人がいます。

これでは中途挫折するのは目に見えています。

まずは、左のような「24時間日記」を1週間つけてみましょう。

起床・食事・通学・学校・部活・入浴・学習・自由時間・就寝……

今の自分の学習時間がどれくらいで、いかに純粋な学習時間を確保することが難しいかがわかるでしょう。

客観的視点を持って1日の学習可能時間を算出しましょう。

その学習時間を受験科目に配分し、やり切れる教材を選ぶことになります。

日本教育工学研究所

24時間日記　日本教育工学研究所

	午前 0 1 2 3 4 5 6 7 8 9 10 11 12
日(月)	午後 0 1 2 3 4 5 6 7 8 9 10 11 12
時間	
日(火)	午前 0 1 2 3 4 5 6 7 8 9 10 11 12 午後 0 1 2 3 4 5 6 7 8 9 10 11 12
時間	
日(水)	午前 0 1 2 3 4 5 6 7 8 9 10 11 12 午後 0 1 2 3 4 5 6 7 8 9 10 11 12
時間	
日(木)	午前 0 1 2 3 4 5 6 7 8 9 10 11 12 午後 0 1 2 3 4 5 6 7 8 9 10 11 12
時間	
日(金)	午前 0 1 2 3 4 5 6 7 8 9 10 11 12 午後 0 1 2 3 4 5 6 7 8 9 10 11 12
時間	
日(土)	午前 0 1 2 3 4 5 6 7 8 9 10 11 12 午後 0 1 2 3 4 5 6 7 8 9 10 11 12
時間	
日(日)	午前 0 1 2 3 4 5 6 7 8 9 10 11 12 午後 0 1 2 3 4 5 6 7 8 9 10 11 12
時間	

合格は　生活態度の　善し悪しだ

ダウンロードはこちら　**https://edulab.jp/todai/**
日本教育工学研究所
『東大に「合格する子」と「落ちる子」の中高6年間の勉強習慣』特設ページ

20 合格する子は、最大学習可能時間を有効活用する
落ちる子は、時間は無限にあると思っている

↓ 入試までの最大学習可能時間の算出方法

「1日2時間で合格した」「1日10時間も勉強したのに合格できなかった」そんな会話を耳にすることがあります。

1日あたり2時間とか10時間という内容であれば、子どもでも理解できます。ただ、そのことと合否との因果関係は、実際にはありません。

にもかかわらず、「1日2時間で合格したという人は効率のいい学習をしたのかな」「1日10時間も勉強して合格しなかった人は頭が悪いのかな」と連想する人がいます。

これははっきり言うと因果関係の視点を持たない、短絡的思考です。

そもそも1日10時間、集中して勉強できる人はほとんどいません。

1日の労働時間が「8時間」と決められていることからもわかります。

ただ、勉強してこなかった人ほど
「ヤル気さえあればいくらでも勉強できる！」
と思っているようです。

浪人生であれば、週に1日完全オフの日を入れて、1日9時間程度が限界に近い数字です。実質受験勉強期間の4月から12月までで、せいぜい2000時間しかありません。

東大合格には、やはり相応の学習時間が必要になります。

そのトータル時間数を経験から語ると、中学内容も含め、英語3500時間、理系数学3000時間、文系数学1500時間、理系物理・化学・生物・文系日本史・世界等はそれぞれ500時間、古文300時間、漢文200時間です。現代文は個人差が大きく、感覚平均値がありません。

入試までの学習可能時間を計算し、ぜひ最大限有効に使ってください。

八時間 勉強できれば 上出来だ

21 合格する子は、教材を実際に手に取って決める
落ちる子は、ネット評価で決める

↓教材を選ぶ基準を知る

高校に入学すると教科書と副教材が配布されますよね。

中学校では、どの教科書もそう差はありませんが、実は高校教科書では、内容の難易度に大きな違いがあります。特に数学と英語のレベル差は相当なものです。

中学時代と同じように考えて「学校で配られた教科書と副教材にまじめに取り組んでいれば大学受験対策にもなる」とは言い切れないのです。

しかし、巷に数ある参考書や問題集、単語集などの教材は、それぞれ使い勝手も分量も違います。

使う側の現在の学力もそれぞれなので、一概にどの教材が優れていると言えません。

そこで、**東大の入試問題を検討して、目標点をクリアーできそうな教材を自分で選ばなければなりません。**

誰でも選べる方法をひとつ教えましょう。

これから使おうとする**教材を参考にして、東大の過去問題を解いてみる**のです。

今のあなたが知らない単語がちゃんとカバーされているか。

解けない類題が扱われているか。

それで目標点をクリアーできるか。

たとえば、英単語であれば95％ぐらいカバーしている単語集が理想的です。100％網羅しているものでは単語マニアになる危険性があります。全問カバーしている参考書や問題集を使いたくなるのもわかりますが、その場合は「段階的に仕上げていく」という視点で利用しなければなりません。

ただ、誰でもできると言いましたが、当然使用側にそれ相当の学力がなければなりません。ここでは、試験範囲が一応修了していることが前提となります。

ですから、まだ未履修の部分がある人は、学校や塾の先生にこの基準を伝えて適当な教材を選んでもらうといいでしょう。

教材が　合否を分ける　分水嶺

22 合格する子は、教材の学び方をまず学ぶ
落ちる子は、教材を自己流で使う

↓ 教材の良さを最大限に引き出す方法を学ぶ

志望校の合格最低点をクリアーするための適切な教材を選び出して、まず重要なのは「**最後まで学習すること**」です。全部に取り組んで初めて、著者が意図した学力が身につきます。途中で挫折すると時間の浪費になってしまいます。

たとえば、「この『500例文集』は単語・熟語・英語構文も含んでいて素晴らしい教材だ」と勧められたとします。これを使って東大の英語の問題を解いてみると単語・熟語・英語構文は98％網羅していたとしたら、この『500例文集』の採用は適切な判断と言うことができます。

ただ500の例文を覚え切れなければ意味がありません。覚え切るまでどういうカリキュラムをどのような日程で組めばいいのか、しっかり考えましょう。

次に重要なのは、**利用する方針を決めること**です。利用方法を誤ると、充分な効果が出ません。

たとえば、例文集ならば利用目的が「単語力増強」だけなのか、「単語・熟語両方」なのか、さらに「英語構文までも含むのか」ということです。

ここで「すべて含む」とすると、次に問題となるのが「どのような順番で暗記するか」ということです。いきなり例文を暗記するのか、まず単語の意味を暗記し、次に熟語を暗記し、それから例文を暗記するのかまで細かく決めることが、効率いい勉強の第一歩です（ただ、このような教材はまとめの段階で利用するにはいいのですが、最初から利用するのは避けたほうが賢明です。やはり、最初から取り組む人は、単語、熟語、英語構文は別々の教材を利用するといいでしょう）。

暗記方法にはいろいろな方法がありますが、一般的に500例文を日本語の意味を見て英文が即座に出てくるようにするまでには420時間はかかります。

覚え切る　時間を知って　始めよう

23 合格する子は、1日あたりの課題を自分で計画する
落ちる子は、与えられた課題に取り組む

→ **学習進度表を作る**

適切な教材を選び、入手できて方針も決めたとします。

さて、初めての教材。どんなふうにアプローチしますか。

単語集であればいきなり暗記したり、数学の問題集であればいきなり問題を解き始めたりしていませんか。

これでは、登山するとき地図を持たずして登るようなものです。途中で挫折する可能性が高くなります。

どんな教材であれ、それを利用する目的を確認し、それを具体的にどのような手順で取り組むかを決定し、次に**所要時間を仕上げるまでの日数で割って1日あたりの課題を［自分で］決める**ことをおすすめします。

それらをまとめたのが、**「学習進度表」**です（この具体例は次項の「確認テスト」と合わせてお見せしましょう）。

この**計画に基づいて学習し、きちんと身についたのか確認しながら勉強していけば、必ず成果は出ます。**

たとえば、「1日に20個、英単語を暗記する」とか、「数学を10問解く」といった課題を設定していたとします。

ただ自分で暗記したと思って終了させたり、10問解けたところで終了させたのでは、「覚えたつもり」「わかったつもり」の状態の可能性もあります。

計画に合わせて、しっかり「チェック」していく仕組みを作りましょう。

理Ⅰ合格のIさんは、予備校で出会ったライバルと毎日英単語・熟語の暗記範囲を決めて出題し合ったり、数学の教材復習ではサイコロで問題を決めそれをどちらが速く解くかといった学習法をとり入れていたとのことです。課題設定とチェックが、しっかりできていたのですね。

暗記せよ　チェックテストで　確認だ

24 合格する子は、確認テストを自分でする
落ちる子は、課題の提出で終わりにする

↓ 確認テストをする習慣

どんな教材でも、課題を設定し、身につけられたかのチェックが必要です。チェックする**確認テストは、市販のものを使うのではなく、自分で作るのが一番効果的**です。なぜなら、人によってレベルも学習進度も違うからです。

具体的にどのような確認テストを作成すればいいかについて説明しましょう。成績をつけるための校内テストや定員に絞り込むための入学試験と違って、**確認テストは自分が「覚えた」「わかった」といった感覚を維持するためのもの**です。なので、出題の個数にも難易度にもさして配慮する必要はありません。凝ったものでなくていいのです。

たとえば、左は私の塾で使っている単語集の一部です。

日本教育工学研究所　英単語6000　20級　300単語

			チェック欄	チェック欄	チェック欄
1	a,an	一つの，一人の			
2	about	…について；に関して，に関する；…ごろに，およそ			
3	after	…のあとで，に続く，が終わってから			
4	afternoon	午後（noonからeveningまで）			
5	again	また，再び			
6	ago	…前に			
7	also	さらに，…もまた，やはり			
8	am	beの一人称・単数：～である，～にいる			
9	America	アメリカ合衆国，米国			
10	and	…と…，…や…，…に；そして			
11	angry	腹を立てて，怒った			
12	animal	動物			
13	answer	答える			
14	any	何か，いくらか，どれか;(否定文)何も，どれも，だれも			
15	apple	リンゴ			
16	Apr.	Ａｐｒｉｌ（4月）の略			
17	are	beの複数形および二人称単数；～である，～にいる			
18	around	取り囲むように，四方に，周辺［周囲］に			
19	arrive	到達する			
20	art	美術；芸術；技術			
21	as	のように，と同様．;…につれて，に従って			
22	ask	頼む；尋ねる；求める			
23	at	…で，において;に向かって;を見て［聞いて，知って］			
24	Aug.	Ａｕｇｕｓｔ（8月）の略			
25	aunt	おばさん，おばちゃん.;おば			
26	Australia	オーストラリア			
27	baby	赤ん坊，赤ちゃん			
28	bag	袋，小袋:旅行かばん，スーツケース			
29	banana	バナナ			
30	band	バンド，一団			
31	baseball	野球			
32	basketball	バスケットボール			
33	bath	入浴；日光浴			
34	be	～である,～になる；～にいる,～にある			
35	beautiful	美しい，きれいな；すばらしい			
36	bed	ベッド，寝床，寝台			
37	before	…の前に，より先に			
38	big	大きい；重要な，偉い			
39	bike	モーターバイク；自転車			
40		300単語まで続きます。			

日本教育工学研究所

 日本教育工学研究所　　英単語20級　　学習進度表

番号	1	2	3	4	5	6	7	8	9	10
課題	1 10	11 20	21 30	31 40	41 50	51 60	61 70	71 80	81 90	91 100
達成日付										
番号	11	12	13	14	15	16	17	18	19	20
課題	101 110	111 120	121 130	131 140	141 150	151 160	161 170	171 180	181 190	191 200
達成日付										
番号	21	22	23	24	25	26	27	28	29	30
課題	201 210	211 220	221 230	231 240	241 250	251 260	261 270	271 280	281 290	291 300
達成日付										
番号	31	32	33	34	35	36	37	38	39	40
課題	1 20	21 40	41 60	61 80	81 100	101 120	121 140	141 160	161 180	181 200
達成日付										
番号	41	42	43	44	45	46	47	48	49	50
課題	201 220	221 240	241 260	261 280	281 300	1 30	31 60	61 90	91 120	121 150
達成日付										
番号	51	52	53	54	55	56	57	58	59	60
課題	151 180	181 210	211 240	241 270	271 300	1 50	51 100	101 150	151 200	201 250
達成日付										
番号	61	62	63	64	65	66	67	68	69	70
課題	251 300	1 100	101 200	201 300	1 150	151 300	全			
達成日付										
番号	71	72	73	74	75	76	77	78	79	80
課題										
達成日付										
番号	81	82	83	84	85	86	87	88	89	90
課題										
達成日付										
番号	91	92	93	94	95	96	97	98	99	100
課題										
達成日付										

ダウンロードはこちら　　**https://edulab.jp/todai/**

日本教育工学研究所
『東大に「合格する子」と「落ちる子」の中高6年間の勉強習慣』特設ページ

日本教育工学研究所　英単語20級　確認テスト 1	
氏名	
1	a,an
2	about
3	after
4	afternoon
5	again
6	ago
7	also
8	am
9	America
10	and

この単語集（300単語）の**課題**範囲を示した**学習進度表**が、右です。

はじめは1回に10単語ずつ覚え切り、覚えたかどうかをテストします。300単語まで到達したら、もう一度はじめに戻って20単語ずつ、テストしていきます。

この学習進度表に沿った**確認テスト**の例が上です。右側の空欄に日本語の意味をスラスラ書き出せるか、テストします。

1回転目の範囲が20単語、2回転目の範囲が50単語、3回転目の範囲が100単語になったとしても確認テストの出題数は10題のままでかまいません。

テストは自分で作りますが、チェックは後述するような「コーチ」にやってもらえると効果が高いです。

止まらない　芋づる式で　思い出す

25 合格する子は、学習計画を学習内容の配分で立てる
落ちる子は、学習計画を科目の配分で立てる

↓ **学習内容を配分する**

学習計画の立て方には大きく分けて2つの型があります。

時間配分型と学習内容配分型です。

最初の**時間配分型**の学習計画の立て方にも大きく分けて2種類あります。

ひとつは「英語に1時間・数学に1時間」といった教科に配分していく方法と、もうひとつは「この教科書に30分・この問題集に30分」といった教材に配分していく方法です。

ただいずれにしても、配分した時間を終えれば違う教科の勉強をしたり教材に移ったりします。

この方法では**スケジュール管理が易しく、**計画通りに過ごすことができます。つま

り、生活のリズムが作りやすいので多くの人はこの型で計画を立てているようです。ただ確かに、スケジュール管理しやすいのですが、集中力が欠けていても少し居眠りをしても**「勉強したつもり」**になる欠点があります。

もうひとつの**学習内容分配型**であれば、たとえば「英単語30個」「数Ⅱの問題5題」など単語数や問題数で課題を設定することになります。
そうすると、**確認テストで「課題修了」**ということになるので確実に学力が身につくのでオススメです。

文Ⅰ合格のGさんは高一の1学期に英数につまずいてしまった自覚がありました。
彼は発奮して、夏休みには2学期全範囲、冬休みには3学期全範囲、春休みには1学期全範囲の予習内容を分単位で分配した計画表を作って実行したそうです。

計画は　時間割より　内容で

26 合格する子は、分単位で学習計画を立てる 落ちる子は、時間単位で学習計画を立てる

勉強時間の大枠は分単位で

学習計画は時間配分型より内容配分型のほうがお勧めだということは先ほどお話ししました。

では、どのように学習計画を管理すればいいでしょうか。

それは、**時間配分型を併用**すれば解決できます。

つまり、日常生活の過ごし方は「時間配分型」で管理し、勉強時間もその中に組み込むのです。大枠の「科目」ぐらいの設定もしておくといいでしょう。

そしてそれとは**別に「内容配分型」で学習進度を管理**するのです。

たとえば、月曜から金曜まで毎日「英語70分、数学80分、その他90分」という時間

割を作成したとします。

その時間数に合わせて「英単語30個」「数学問題5題」など日々の課題を細かく考えて設定します。

前項でお話ししたように、大事なのは、計画時間どおり勉強したかではなく、**計画どおり学習が進んだか**です。次ページに載せたような**月間課題表**でしっかり管理しましょう。

たとえば、月曜日に英語を60分勉強して2日分の課題が進み、数学は80分勉強して3日分の課題が進んだとします。その場合、英語は月曜と火曜に斜線を入れ、数学は月火水に斜線を入れます。そうすれば、どの科目が予定より進んでいるかが一目瞭然になります。

このとき、進んでいれば「貯金がある」、遅れていれば「借金がある」と表現すれば、未熟な段階の学習計画の進捗に捉われることはなくなるでしょう。

勉強は　時間感覚　分単位

平成30年度　本郷 世界 5月学習計画

		教材	英単語	英熟語	英語例文	数Ⅰ・A	授業予習・復習
5月		行事 / 時間	19:00〜19:20	19:20〜19:40	19:40〜20:00	20:10〜21:10	21:20〜23:00
1	火		601- 620	201 - 210	1-10 復習	1-10 復習	数学宿題・
2	水		621- 640	211 - 220	11-20 復習	11-20 復習	英語宿題
3	木	憲法記念日					
4	金	みどりの日			母の実家へ		
5	土	こどもの日					
6	日		予備日	予備日	予備日	予備日	中間テスト対策開始
7	月		641- 660	221 - 230	21	21	物理基礎
8	火		661- 680	231 - 240	22	22	生物基礎
9	水		681- 700	241 - 250	23	23	古文
10	木		701- 720	251 - 260	24	24	漢文
11	金		721- 740	261 - 270	25	25	現代文
12	土		741- 760	271 - 280	21-25復習	21-25復習	数学
13	日		予備日	予備日	予備日	予備日	英語
14	月		761- 780	281 - 290	26	26	物理基礎
15	火		781- 800	291 - 300	27	27	生物基礎
16	水		801- 820	301 - 310	28	28	古文
17	木		821- 840	311 - 320	29	29	漢文
18	金		841- 860	321 - 330	30	30	現代文
19	土		861- 880	331 - 340	26-30復習	26-30復習	数学・英語
20	日						生物基礎・物理基礎・国語
21	月						世界史
22	火				日々の課題を一時停止		英語・物理基礎
23	水	中間テスト 英/物					数学Ⅰ・A
24	木	中間テスト 数Ⅰ・A					現国・生物基礎
25	金	中間テスト 現国/生					世界史
26	土	中間テスト 世界史					リラックス
27	日		予備日	予備日	予備日	予備日	予備日
28	月		881- 900	341 - 350	31	31	
29	火		901- 920	351 - 360	32	32	
30	水		1041- 1060	421 - 430	38	38	
31	木				学習計画作成日		

2000英単語集 : 1回転目 毎日 20 単語 （英語 → 日本語のみ） …… 4月中に 600単語 進んでいた。
1000熟語集　: 1回転目 毎日 10 熟語 （英語 → 日本語 → 英語）…… 4月中に 200熟語 進んでいた。
100基本英文 : 1回転目　毎日 1 例文　（訳を見て暗唱・土曜日復習）…… 4月中に 20例文 進んでいた。
数Ⅰ・A 受験対策問題集 (難問 C問題のみ 120題) : 毎日1題　（解答を写しながらその思考過程を理解する）
土曜日に進んだ範囲で確認テスト …… 4月中に 20題 進んでいた。

学校の授業の進度や宿題等は受け身にならざるをえないので計画は立てない。
学校の授業の予習や宿題はその日に取り組んだ内容を後から記入する。
校内テストが実施される月は校内テスト対策スケジュールも合わせて計画しておく。

ダウンロードはこちら　**https://edulab.jp/todai/**

日本教育工学研究所
『 東大に「合格する子」と「落ちる子」の中高 6 年間の勉強習慣 』 特設ページ

（進捗例）

平成30年度　本郷 世界 5月月間課題表

		教材	英単語	英熟語	英語例文	数Ｉ・A	授業予習・復習
5月		行事 ／ 時間	19:00～19:20	19:20～19:40	19:40～20:00	20:10～21:10	21:20～ 23:00
1	火		601- 620	201 - 210	1-10 復習	1-10 復習	数学宿題・
2	水		621- 640	211 - 220	11-20 復習	11-20 復習	英語宿題
3	木	憲法記念日	母の実家へ				
4	金	みどりの日					
5	土	こどもの日					
6	日		予備日	予備日	予備日	予備日	中間テスト対策開始
7	月		641- 660	221 - 230	21	21	物理基礎
8	火		661- 680	231 - 240	22	22	生物基礎
9	水		681- 700	241 - 250	23	23	古文
10	木		701- 720	251 - 260	24	24	漢文
11	金		721- 740	261 - 270	25	25	現代文
12	土		741- 760	271 - 280	21-25復習	21-25復習	数学
13	日		予備日	予備日	予備日	予備日	英語
14	月		761- 780	281 - 290	26	26	物理基礎
15	火		781- 800	291 - 300	27	27	生物基礎
16	水		801- 820	301 - 310	28	28	古文
17	木		821- 840	311 - 320	29	29	漢文
18	金		841- 860	321 - 330	30	30	現代文
19	土		861- 880	331 - 340	26-30復習	26-30復習	数学・英語
20	日		日々の課題を一時停止				生物基礎・物理基礎・国語
21	月						世界史
22	火						英語・物理基礎
23	水	中間テスト 英/物					数学Ｉ・A
24	木	中間テスト　数Ｉ・A					現国・生物基礎
25	金	中間テスト 現国/生					世界史
26	土	中間テスト 世界史					リラックス
27	日		予備日	予備日	予備日	予備日	予備日
28	月		881- 900	341 - 350	31	31	
29	火		901- 920	351 - 360	32	32	
30	水		1041- 1060	421 - 430	38	38	
31	木		学習計画作成日				

2000英単語集 ： 1回転目 毎日 20 単語 （ 英語 → 日本語のみ ）　…… 4月中に 600単語 進んでいた。
1000熟語集　： 1回転目 毎日 10 熟語 (英語 → 日本語 → 英語) …… 4月中に 200熟語 進んでいた。
100基本英文　： 1回転目　毎日 1 例文 （訳を見て暗唱・土曜日復習) …… 4月中に 20例文 進んでいた。
数Ｉ・A 受験対策問題集 (難問 C問題のみ 120題) ： 毎日1題 （解答を写しながらその思考過程を理解する)
土曜日に進んだ範囲で確認テスト　…… 4月中に 20題 進んでいた。
5月26日の時点での学習進度状況
＊ 英単語は順調に進み 2日間の貯金ができています。
＊ 英熟語は中間テスト対策のため 4日間の借金になっています。
＊ 英語例文も中間テスト対策のため 1日の借金になっていますが、27日の予備日を使って借金を返済できそうです。
＊ 数学も中間テスト対策のため、1週間分借金になっていますが、この借金を予備日を使って無理して返そうとはせず、
6月の学習計画を立てるときにリセットして借金 0 の状態にしましょう。
＊ 5月31日は 6月の学習計画作成日として学習課題は設定しないでいいでしょう。
＊　6月の学習計画を立てるときにはすべての教材においてリセットして借金 0 の状態にしましょう。
＊　5月31日に学習計画を立てた後、早速 6月1日分の課題に取り組んで貯金を作ることを勧めます。

27 合格する子は、学習計画を途中で修正できる
落ちる子は、計画どおりいかないと途中でやめる

↓ 計画を途中で修正する

学習内容分配型の学習計画を立てるとき、日々の課題を多過ぎもせず少な過ぎもせず適量にするには、相当の経験が必要となります。

その経験を積むまでは、課題の進捗の「貯金」がたまって大金持ちになったり、逆に「借金」がかさみ破産寸前になることもあります。

そもそも、このような状態になる原因は、教材の難易度がわかっていない場合と、自分の基本的な暗記スピードや理解スピードを正確に把握していない場合が考えられます。

なかなか自分のことは客観的にわからないものですね。

伴走してくれるコーチが一緒に考えてくれると、やりやすくなると思います。

最初のうちは**毎月25日ごろその月の進み具合をふり返って、次の月の学習課題を考えるのがいい**と思います。

そのとき、2つの修正方針があります。

ひとつは自らに極限のプレッシャーをかけて、最大限の潜在能力を引き出そうという視点からの修正。

もうひとつは、逆に8割の課題設定で常に貯金のある状態にしてプレッシャーをかけない視点からの修正です。

こればかりは、どちらがいいとも言えません。

ただ、東大を目指す人は自らにプレッシャーをかける傾向があります。

理Ⅲ合格のMさんは常に限界を超えた計画を立て、できない自分を叱咤激励したそうですが、これは人に勧められる方法ではないとも言っています。

自らを　知って計画　立てましょう

28 合格する子は、年間の学習計画を立てる
落ちる子は、年間の行事予定を立てる

↓年間学習計画の立て方

これまで教材の学習計画の進捗管理（学習進度表）とそれを日々に落とし込んだ月間課題表についてお話ししてきましたが、実は私の塾では、その間にもうひとつ「**年間学習カリキュラム**」というものを作ってもらっています。

ここで言うカリキュラムは、東大合格を達成するために、**自分の基礎能力や基礎学力に応じて、適切な教材を適切な順序で学習していく内容の年間計画**を意味します。

中学では一般的に、定期テストの1週間前から学習計画を立てさせます。

それは日々部活に明け暮れ家庭学習0時間の生徒に対して、少しでも学習時間を確保させたいという親心からです。というのも、中学で習う内容は日常生活の事柄ですから、それでも少しは知識として残るからです。

それに対して高校では、定期テスト対策は1週間前からはそれまでの総復習にあてる時間なので、学習計画を立てるまでもありませんし、指導もありません。もちろん一夜漬けの人もいます。

そんな中で、**1年を通して「大学受験のために」何をすべきか、しっかり年間計画を立て、それに沿って勉強する習慣をつける**ことは効果的です。

理I合格のAさんは、高二の1学期まで学校のカリキュラムに従って学年順位も上位をキープしていたものの、初めて受けた学外模試の結果に驚いたそうです。そこで学校のカリキュラムを先取りして勉強をしたのですが、逆に学校のペースと合わなくなり、校内テストの成績はどんどん下がってしまったとのこと。不安になった時期もありましたが、ただ推薦で進学するわけではないので自分を信じてペースを落とさず勉強し、無事合格したそうです。

付け焼刃　大学受験　役立たず

東大理類　本郷　世界　高卒用カリキュラム

			物理			化学				国語			地理	
作	セ	過	問	セ	過	基	問	セ	過	現	古漢	セ	問	セ
		1年分			1年分	⑯			1年分					
			⑭											
		1年分			1年分	⑰			1年分					
													1回	
		2年分			2年分	⑱			2年分					
		3年分			3年分		⑲		3年分					
他大			⑮											
過去													2回	
		3年分			3年分				3年分					
										21				
							⑳			22				
		3年分			3年分				3年分				3回	
													4回	
		復習			復習				復習					
		模試			模試				模試				5回	
		復習			復習				復習					
		模試			模試				模試					
		復習			復習				復習					
		模試			模試				模試					
		復習			復習				復習					
		模復			模復				模復					
		過去復			過去復				過去復					

日教研　化学 1	21	日教研　国 1	26		31
日教研　化学 2	22	日教研　国 2	27		32
日教研　化学 3	23	日教研　地理 1	28		33
日教研　化学 4	24		29		34
日教研　化学 5	25		30		35

ダウンロードはこちら　https://edulab.jp/todai/
日本教育工学研究所
『東大に「合格する子」と「落ちる子」の中高6年間の勉強習慣』特設ページ

平成30年度　　　　日本教育工学研究所

		数学							英語					
月	模	Ⅰ	A	Ⅱ	B	Ⅲ	セ	過	単	熟	例	解	通	作
4		①											⑩	
	マーク模試		①					1年分	⑧セ	⑧セ	⑨	⑫	入	
	29日			①										
5					①								⑩	
	記述模試	②						1年分				⑬	必	
	13日		②			③			⑧2次	⑧2次				
6				②									⑩	
					②			2年分					熟	
		予備	予備	予備	予備	予備								
7		④	④										⑩	
	マーク模試			④	④			3年分					上	
	29日					④								
8	東大模試	⑤	⑤										⑩	
	4日・5日			⑤	⑤			3年分					多	
	記述模試					⑤								
9		⑥												
			⑥					3年分						
				⑥									⑪	
10	記述模試				⑥									
	21日					⑥		復習						
		⑦	⑦					模試						
11	東大模試			⑦	⑦									
	3日・4日					⑦		復習						
	センター模試	予備	予備	予備	予備	予備		模試						
12								復習						
								模試						
		セ復	セ復	セ復	セ復	セ復								
1	センター試験	セ復	セ復	セ復	セ復	セ復								
	12/13	セ復	セ復	セ復	セ復	セ復								
		本復	本復	本復	本復	本復		復習						
2		本復	本復	本復	本復	本復		模復						
		本復	本復	本復	本復	本復		過去復						
	23/24	本復	本復	本復	本復	本復								

	①	日教研　数 1	⑥	日教研　数 6	⑪	日教研　英 3	⑯
	②	日教研　数 2	⑦	日教研　数 7	⑫	日教研　英 4	⑰
	③	日教研　数 3	⑧	日教研　英 1	⑬	日教研　英 5	⑱
	④	日教研　数 4	⑨	日教研　英 1	⑭	日教研　物理 1	⑲
	⑤	日教研　数 5	⑩	日教研　英 2	⑮	日教研　物理 2	⑳

29 合格する子は、月間の学習計画を立てる
落ちる子は、校内試験前1週間の計画を立てる

↓月間学習計画の落とし込み方

年間カリキュラムの立て方と、それを月間課題表に落とし込むときのポイントを少し説明しましょう。

学問は知識の寄せ集めではなく、理論と知識が体系的に構築されたものです。この点からいくと、一番高校生の身近にある体系書は「教科書」ということになります。ですから、教科書を多角的に利用すれば、これだけで充分基礎学力が身につきます。ここまでがインプットの側面です。

入学試験は、インプットされた知識や論理力を自由自在に使えるかどうか、つまりアウトプットができるかを評価しています。ですから、**インプット教材とアウトプット教材をバランスよく選択**しなければなりません。

特に**東大の入試問題**は、相手を知るという点からも**なるべく早く取り組む**ように年間学習計画に組み込むことが必要です。最初の段階では、どう解くかわからなくても、教科書や参考書を見ながら解けばいいのです。

次に、この年間カリキュラムに基づき、日々何をするかを月間計画として設定します。

文Ⅱ合格のFさんはお兄さんのアドバイスもあり、学校行事・部活動等を先に書き入れた月間学習計画を高一入学時から立てるようにしたそうです。高二からは毎月東大入試1年分を学習計画に組み込み、教科書・参考書などを見ながら取り組んだとのことです。

これによって東大の出題傾向を自分で分析し、対策を考えられるようになったそうです。

計画は　時間確保の　その後で

第3章

高校3年間で実践する
学習習慣
②実行編

30 合格する子は、学習計画を日々チェックする
落ちる子は、学習計画を立てて満足する

↓学習計画の進度管理の方法

前章で、東大に合格するための綿密な学習計画を立てました。目標を定め、スケジュールを確認し、ゴールに至る各行程で使うツールも決めました。**後はやるだけです。**

しかし実際には、長い受験勉強期間に、**自分が立てた計画に沿って勉強の努力を継続し続けることがいかに大変か、**先輩たちは口を酸っぱくして語ります。

ビジネスの世界では、「PDCA」とよく言われます。

P＝PLAN　：**計画**

D＝DO　：**実行**

C＝CHECK　：**確認・評価**

A＝ACT　：**改善**

目標に向かって立てた計画を、達成に向けてやり切るためのプロセスです。

受験勉強でも同じです。

「勉強したつもり」にせず、これを細かく回すことが、合格を確実なものにします。

また一流のスポーツ選手には、一流のトレーナーやコーチがついています。

トレーナーは体やメンタルを回復させたり強化するための指導をし、コーチは技術・技能・知識を得るトレーニング計画を立てて実行できたかチェックしてくれます。

彼らのサポートで、選手は最高のコンディションで競技に挑めるのです。

受験勉強においても、トレーナーやコーチのサポートは強力です。

理I合格のHさんは、高校時代から東大志望の友人と話し合って同じ学習計画を立てて、お互いに問題を出し合い、数学や物理はお互いに教え合っていたのでモチベーションを維持することができたそうです。Hさんはトレーナー・コーチに加えてライバルを見つけることを勧めています。

計画を　立てて満足　やった気に

31 合格する子は、学習トレーナーやコーチを探す
落ちる子は、カリスマ教師を探す

↓ **学習コーチ・モチベーショントレーナーの探し方**

「東大合格1100名！」

合格実績を謳う予備校やカリスマ講師が多いですよね。

でもこれは見当違いも甚だしいものです。

合格者の視点から見れば、合格云々の前に、言葉を覚え、日常生活ができるようになり、社会生活までできるようにするために携わってくれた人々（主に親）の労力のほうが大きいものです。

大学受験の指導に関わった人の役割なんて、ほんの数%にもなりません。

合格に導くのは、合格実績ではありません。受験生自身です。

ただしこれから**粛々と学習努力を続けるには、自分に合った心技体のアドバイザー**

がいると心強いです。

「体」と「心」つまり、**体調管理やモチベーションを維持するトレーナー**。

つまり、バランスのいい食事を提供してくれる親や寮母、カラオケでストレスを解消してくれる友、さらには、悩みを打ち明けることのできる信頼できる知人や兄弟・親戚などがあげられるでしょう。

もう一人は「技」つまり、**学習計画を立て、それを実行する行程を伴走する学習コーチ**ともいうべき人です。勉強方法を教えてくれ、知識が定着したかをテストなどでチェックしてくれる人です。

わからないところを教えてもらう人は、誰でも構いません。参考書でもネットでも学習アプリでもいいのです。

理I合格のSさんはネットに掲載されている東大合格者の体験記をかたっぱしから読み、自分に合いそうな方法をどんどん取り入れ、わからない問題などもネットの質問箱を利用して解決したそうです。

合格に　ライバル・コーチ　不可欠だ

32 合格する子は、科目によりメリハリをつける
落ちる子は、全科目同じエネルギーを投入する

↓受験科目に比重を置いた学習方法

中学までの義務教育では、全科目とも日本人として社会生活を送るために必要な知識・技能、そして、協調性やコミュニケーション能力などを身につけさせることを目的としていました。

ですから、科目間の重要度に軽重はありません。

それは、高校入試科目において同様に扱われています。少なくとも公立高校の入試では原則としてすべての科目の配点は同じです。

これに対して大学入試では、これまでも度々お話ししてきたように科目数が限られていますし、東大レベルの二次試験では、授業内容のレベルとかけ離れたものも少なくありません。

一般入試を避けて推薦入試を選ぶような人は学校の成績がすべてですから、全科目同じエネルギーを注がなければなりませんが、東大を狙う、つまり一般入試を目指す人は**授業の受け方を考える**必要があります。

授業はもちろん参加しなければなりませんし、他の生徒に迷惑のかかる言動は慎むべきです。

だからといって**自分の人生をかけた大学受験を犠牲にするほどの協調性は必要ありません。**

理Ⅱ合格のWさんは授業を聴こうと思っても先生の声が入ってこなかった時期があり、そんなときは図書館で興味ある本だけ読んでいたそうです。

その時期に得たいろいろな知識が東大受験に大いに役立ったということですから、どんな状況になっても悲観することはなさそうです。

三か月　あれば人生　変わったな

33 合格する子は、校内試験をアウトプットに使う 落ちる子は、校内試験をインプットに使う

↓インプットとアウトプットを使い分ける

コンピューターではキーボードやマイクなどでデータを入力することをインプット、また、ディスプレイに画面を表示したりスピーカーから音声を出すことなどをアウトプットと言います。

最近では仕事を通じて知識を身につけ経験を積むことをインプットと言い、その知識・経験を利用して結果・成果をあげることをアウトプットとも言うようです。

このインプット・アウトプット、教育界では暗記することをインプット、思い出すことをアウトプットと表現している人もいるようです。しかし、これでは計算の過程での思考が含まれません。

違うとらえ方として、**理解して暗記しそれを思い出すまでの一連の思考作業をイン**

プット、知識・思考力を利用して初見の問題を解いていく過程をアウトプットと考えるものもあります。

こちらのほうが、「学習する」ことにより近いと思います。

この意味からすると、校内試験の準備の仕方は2通り考えられます。

ひとつは、使っている教材の問題をすべて解いて暗記し、その知識で試験に臨もうとするもの。

確かに全問暗記するので、高得点が望めるでしょう。

それに対して、基本知識と基礎理論を理解し暗記して、重要問題だけ解いて試験に臨む子もいます。

このような子にとって、校内試験は大学入試に向けてアウトプットを試す場面ということになります。

東大入試本番で、最高のアウトプットができるよう、準備をしていきましょう。

定期テスト　アウトプットを　試す場面

34 合格する子は、自分に合った暗記法を知っている
落ちる子は、魔法の暗記法を探す

↓ **自分に合った暗記方法を見つける**

暗記法には、いろいろな流派があるようです。

ただ、どの暗記方法を採用しても「覚え切る」までの所要時間はほとんど変わらないようです。たとえ2倍の時間差があったとしても、自分に合った暗記法を採用すべきだと思います。

一番自分に合った暗記法とは、**無理なく継続できる方法**です。

暗記にかかる時間が半分でも、途中で挫折しては何にもなりません。要は「覚え切る」ことが重要なのです。

そして、覚え切れば、単なる知識の蓄積だけでなくそれ以上の能力を身につけることもできるのです。

たとえば日本史の『一問一答』(山川出版)を使って暗記するとします。

何回か繰り返すことで覚え切ります。

1回目に暗記する範囲を決め、確認テストで暗記できたか確認します。

それを基準に2回転目、3回転目、……と回転が増えるにしたがって一度に暗記する範囲を広げ、最終的に全範囲が対象となります。

このようにして覚え切ると、設問を読むとその答えが連想されるというのではなく、問題文のキーワードひとつで答えが連想できるようになるものです。それだけでなく、「貨幣制度」と問われると「和同開珎」から貨幣関係の事柄すべてを連想できるようになります。

文Ⅰ合格のTさんは日本史教科書をじっくり読み込み、だんだん**スピードを上げて読み込んでいくうちに不思議にも量が質に変化し**、いろいろな視点から見ることができるようになり記述対策にもなったということです。

覚え切る　量が質に　変化する

日本史一問一答（山川出版社） 学習進度表

		項目			確認テスト合格日
	第1章	日本文化のあけぼの			
1	1	文化の始まり	1	日本列島と日本人	
2			2	旧石器時代人の生活	
3			3	縄文文化の成立	
4			4	縄文人の生活と信仰	
5	2	農耕社会の成立	5	弥生文化の成立	
6			6	弥生人の生活	
7			7	小国の分立	
8			8	邪馬台国連合	
9	3	古墳とヤマト政権	9	古墳の出現とヤマト政権	
10			10	前期・中期の古墳	
11			11	東アジア諸国との交渉	
12			12	大陸文化の受容	
13			13	古墳時代の人びとの生活	
14			14	古墳の終末	
15			15	ヤマト政権と政治制度	
	第2章	律令国家の形成			
16	1	飛鳥の朝廷	1	東アジアの動向とヤマト政権の発展	
17			2	飛鳥の朝廷の文化	
18	2	律令国家への道	3	大化改新	
19			4	律令国家への道	
20			5	白鳳文化	
21			6	大宝律令と官僚制	
22			7	民衆の負担	
23	3	平城京の時代	8	遣唐使	
24			9	奈良の都平城京	
25			10	地方官衛と「辺境」	
26			11	藤原氏の進出と政界の動揺	
27			12	民衆と土地政策	
28	4	天平文化	13	天平文化と大陸	
29			14	国史編纂と『万葉集』	
30			15	国家仏教の展開	
31			16	天平の美術	
32	5	平安王朝の形成	17	平安遷都と蝦夷との戦い	
33			18	平安時代初期の政治改革	
34			19	地方と貴族社会の変貌	
35			20	唐風文化と平安仏教	
36			21	密教芸術	
	第3章	貴族政治と国風文化			
37	1	摂関政治	1	藤原氏北家の発展	
38			2	摂関政治	
39			3	国際関係の変化	
40	2	国風文化	4	国文学の発達	
41			5	浄土の信仰 f	
42			6	国風美術	
43			7	貴族の生活	

日本教育工学研究所　　　確認テスト

日本史部門　問題2-①　　　　　　氏名

1　集合住居と考えられる大型の居住跡などが発見された，青森市郊外にある縄文中期の大集落遺跡は何か。

2　直播や田植えも始まっていたが，収穫時に使用された磨製の石器を何というか。

3　倭が朝鮮半島に進出し，高句麗と交戦した「辛卯年」は西暦何年にあたるか。

4　6世紀の古墳時代後期になると，古墳の埋葬施設は従来の竪穴式にかわり，朝鮮半島と共通のものが普及した。何とよばれるか。

5　国内で，父である蘇我馬子のあとを継ぎ，大臣として権力を握ったのはだれか。

5　645年の事件の中心人物2名は，それぞれどのような地位についたか。

7　賤民は，いくつかの身分に分かれたが，総称して何というか。

8　国司が農民を水利土木工事や雑用に使役する労役を何というか。

9　天平とは、どの天皇の時の年号か。

10　現存する最古の漢詩集を何というか。

35

合格する子は、模擬試験結果を分析して学習に活かす
落ちる子は、模擬試験結果を見て凹む

↓ 目標設定と自己分析の習慣

多くの高校で、模擬試験が学習カリキュラムに組み込まれていると思います。模擬試験を受けると、客観的な評価を知る以外にも、場慣れできたり時間配分の戦略の立て方を考えられたりします。

漫然と受けず、効果的な活用法を考えましょう。

私の塾では、模擬試験の過去3年分の過去問題を解いてから臨むよう勧めています。

それでも模擬試験が返却されたとき、

「これはわかっていたのに」「これは計算ミスだ」

といって試験結果を素直に受け入れない子がいます。

そのような子に限って

「今回の模擬試験はどうだった?」と聞くと「いやー、悪かったですね」という返事をするものです。

これは何を基準に「悪い」と評価しているのか本人もわかっていないのでしょう。「希望した偏差値に届いていなかった」ということであって、「その模擬試験にどれだけ準備をして臨んだか」の自覚がないと言えます。

それに対して、

「空欄問題で文法関連問題はできましたが、英熟語関係の問題のできが悪かったですね。英熟語の暗記にもう少し時間をかけたいと思います」

などと具体的に自己分析を交えながら答えられる子もいます。そのように**試験結果を受け入れ、原因を突き止め対策**していけば、東大に合格できる力がつくでしょう。

東大生の中には、模試での東大E判定から合格した人も結構います。

彼らの共通点は「模擬試験の結果を客観的に受け止め、その原因を明確にしてそれに対する対策をとった」ことのようです。

模擬試験　出来不出来より　原因対策

36 合格する子は、点数を上げようとする
落ちる子は、偏差値を上げようとする

↓目指す相手は「合格最低点」

最近は中学生から模擬試験を受けて、偏差値で評価される経験を積んできているので、高校生にもなるとすべて偏差値から連想しがちです。

「偏差値70→頭がいい」「偏差値30→頭が悪い」というように。

しかし、偏差値と頭の善し悪しはまったく関係ありません。

それは、中一で全国トップの生徒に東大模試を受験させてみると証明できます。

偏差値30は簡単にとれます。

つまり、**偏差値はその試験に対してどれだけ準備したかという「準備度」を表しているに過ぎない**のです。

また、A大学の合格偏差値を「60」として発表している予備校があるとします。

すると「偏差値60で合格できる」と思い込む子が多いのです。

でも、よく読んでください。

その偏差値表の下に「合格可能性55％で表記しています」というような但し書きが小さく載っているかもしれません。

その偏差値を鵜呑みにしないことです。判定も同様です。

理Ｉ合格のＡさんは、現役時の東大模試でＥ判定が出てもチャレンジを決意し努力したものの、不合格。浪人時もまた同じＥ判定が出てくじけそうになったそうです。ただ、初志貫徹で東大受験をあきらめることはせず最後まで全力を出し切った結果、合格できました。

偏差値も、判定も、頭の善し悪しを示しているのではありません。ましてや、人の器量を表しているものでもありません。

悪くてもあきらめず、コツコツと目標点に迫っていきましょう。

E判定　学力上げて　A判定

37 合格する子は、自分を信じる
落ちる子は、学校・予備校を信じる

➡東大合格は、99％の個人の努力と1％の運

高校入学時は、同じ試験問題の選抜試験を受けて合格しているのですから、学力の差はさほどないはずです。

にもかかわらず、高一での学年順位と高三の学年順位は必ず対応するものではありません。大学進学においても、同じ志望大学に合格する人もいれば不合格になる人もいます。

ここで考えてほしいのは、同じ教材で、同じ教師から同じ授業を聴いて、同じ課題が与えられ、同じ校内テストを受けたにも関わらず、高三の卒業時には偏差値70と偏差値40ぐらいの差が出る高校もあることです。

このような差はなぜ生じるのかと言えば、**個人の努力の差だ**としか言いようがあり

ません。

この個人の努力の差がなぜ生じるのかと言えば、どうも学習全般すべて学校を頼っている人と、**志望校合格をめざし学力向上のひとつの手段として学校を利用している人**の違いではないかと思われます。

これは予備校や塾においてはさらに顕著に現れます。

そもそも合格実績と授業や個別指導の内容とは、必ずしも一致するものではありません。

理Ⅱ合格のＴさんは予備校に通っていましたが、講師の現役東大生に学習方法の相談をしに行くのがメインで、講義を受けずに自習室で勉強していたそうです。

東大受験の学習方法は経験者に相談するのが一番ですが、**学力向上は自分で取り組むことがすべて**ということです。

合格は　信じて進む　自らを

38 合格する子は、淡々と勉強に打ち込む 落ちる子は、危機感で勉強に打ち込む

↓努力の継続が楽しくなる方法

何事も「精進する」ことはいいのですが、「夢中になる」と、度を超えて本来の目的から離れてしまう場合があるようです。

これを大学受験生活に置き換えると、「受験勉強に夢中になる」とは、次のような受験生活をすることだと思います。

・遊び友達だけでなく友人との会話もすべて切り捨てる
・部活・習い事・趣味もすべてやめる
・家族は受験生に協力すべきだとして、自分が一番過ごしやすい生活リズムにする

これらはすべて危機感の表れです。

これではストレスが溜まるばかりです。

それに対して「受験勉強に精進する」子は、次のような受験生活を送ります。

・遊び友達と少し距離をとって学習時間を確保するが、友人とのやすらぎの時間まで削るようなことはしない
・趣味時間はストレス解消のための時間程度に制限はするが、ゼロ時間にはしない
・家族生活を乱すような生活リズムにせず配慮しながら勉強に打ち込む

文Ⅱ合格のSさんは、高校3年間演劇に打ち込み、人格形成の場でもあったと語ります。好きな演劇に打ち込みたいがゆえに、勉強においては効率的方法を模索し、与えられた時間は集中できたそうです。

確かに**東大合格には、膨大な準備が必要**にはなります。

ぜひ、**貴重な10代の時間を部活や友情、恋愛、趣味などで彩りつつ、効果的に効率的に学習を進めることで対応し、全人的な成長を手に入れて**いただきたいと思います。

精進は　無駄を省いて　淡々と

39 合格する子は、合格体験記を鵜呑みにしない
落ちる子は、合格体験記を再現しようとする

➜ 自分に合った学習方法を見つける

「私はこうやって偏差値○から東大に入りました！」

「ウチの子4人とも東大に入れました！」

合格体験記は、真に迫っていておもしろいものです。

でも、それを**読んで鵜呑みにする人は、合格から遠ざかっている**と言えます。

まず、合格者が使った教材をそろえる。

合格者がした学習方法をまねる。

合格者が立てた学習カリキュラムに沿って教材に取り組む。

そして、合格者がした勉強量をこなす。

これで合格するのは、どう考えても無理なことです。

なぜなら、合格体験記は最後の1年がメインでせいぜい高校3年間の情報しか提供

していないからです。

一番見落としやすいところは、テストの点数に現れない**基礎能力**の部分です。

情報を収集する力・検索する力・ものごとを構成する力・分解して考える力・具体化する力・視覚化する力・発想力・推理力・洞察力・直観力などです。

この能力を小学生のときにすでに高いレベルで身につけているような人は、高校最後の1年間で偏差値を30上げることも不可能ではありません。それまでただ一時的に学力が低下していただけのことですから。

でも、このような人の合格体験を追体験したとしても、基礎能力に差のある読者はまったく意に反した結果となるでしょう。

理Ⅱ合格のTさんは、高三の7月まで部活に没頭していたので東大模試では偏差値33だったものの、最後のスパートで現役合格したそうです。ただ、中学受験では偏差値70を超えていたということです。東大合格者の中にはこのような例は少なくありません。

体験記　合格気分　味わえる

40 合格する子は、1日を10分パーツに分解する
落ちる子は、1日を分断なく利用する

↓ストレスの溜まらない学習方法

日常生活のどの部分を勉強時間に当てるか。

どの程度連続して勉強するか。

適切な休憩時間はどのくらいか。

休憩時間に何をするか。

これらは個人差があるので、最強のルールを教えてもらうのではなく、**自分に合った方法を探しましょう**。

適切な生活トレーナーが探せれば、その人に相談するといいでしょう。

探すポイントはまず、**集中**と**継続**の2つの視点です。

集中力を鍛えるには人と競い合うのがいいのですが、そうでない場合は時計をライ

バルにすることをオススメします。

どんな課題でも、分単位で設定して勉強します。

たとえば、「10単語を20分で暗記する」とか、「すでにやった数学の問題を30分集中して復習する」というように分単位で時間設定をしておくのです。

継続の視点は、試験時間が基準になります。

大学によって試験時間は異なりますが、東大の数学の試験時間は**150分**です。そこに照準を合わせましょう。

理Ⅱ合格のNさんは、高三の日曜日には過去の入試問題を試験時間内で取り組んでいたそうです。

そして、試験時間の5倍ぐらいの時間をかけてその問題だけでなく周辺知識の確認や必要知識を習得したそうです。

スタミナは　試験時間に　合わせよう

41

合格する子は、充分寝てから勉強する
落ちる子は、睡眠時間を削って勉強する

➡食事・睡眠・運動・休息が合格の四大要素

受験を意識し始めると、どの予備校にしようか、どの塾にしようか、それとも家庭教師にしようかと学習環境面に注意がいきがちですが、実はそれ以上に大切なことは体調とモチベーションを維持することです。

そのために必要なことは、中学時代と同じく食事・睡眠・運動・休息（ストレス解消）です。これらについて今一度説明しておきましょう。

バランスのいい**食事**ですが、どうしても好き嫌いはあるものです。好き嫌いを直そうとすると逆にストレスになるので、食卓にビタミン剤を置いてもらっておくほうがいいでしょう。

次に**睡眠**について。

効率的に睡眠のとれる時間帯もあるようですが、生活リズムを崩してまでそれに合わせる必要はありません。要は、勉強中に眠くならないだけの睡眠をとることだけ気をつければいいのです。眠気に打ち克って勉強しようとは思わないことです。

運動や**体調管理**ですが、受験直前の1月になると家にこもりがちになるので、毎日外に出て外気に触れるよう心がけておく必要があります。「試験日に1週間ぶりに冷気にさらされて体調を崩した」という例もあるようですから、特に気温に敏感な人は注意しなければなりません。

休息は、とれればとれるだけとりましょう。

文Ⅲ合格のEさんは、日曜日の朝は目覚まし時計をかけないで肉体が要求するだけ寝ることに決めていて、昼過ぎまで寝たこともしばしばだったということです。

合格へ　よく寝よく食べ　よく遊ぶ

42 合格する子は、合格ストーリーを日々の課題に落とす
落ちる子は、不安を抱えてベッドに入る

↓ 1日ごとの問題解決

一般的に、問題を解決するには、次の4つの視点が大切です。


「現状の把握」

「原因の究明」

「問題解決後のイメージ」

「問題解決までの具体的ストーリー」。

大学受験に置き換えれば、

「現在の偏差値」

「その偏差値になった原因」

「第一志望大学合格」

「その大学に合格するまでのストーリー」です。

ほとんどの受験生は自分の偏差値と、そうなった原因を知っています。そして、第一志望の大学を決めることはできます。この場合は東大ですね。

しかし肝心な、東大に合格するまでのストーリーが描けていないことが多いです。にもかかわらず、運がよければ合格できるだろうと夢見ています。宝くじ一等７億円に当たる人がいるように確かに確率的にはあるかもしれませんが、「５万人収容の東京ドーム４００個分の観客の中から１人」と言われると夢は描けなくなります。


逆に東大合格の可能性が高い場合でも、不安はつきものです。だからといって４月や５月の時点で毎日不安になっていたのでは精神エネルギーの浪費になります。

その不安を打ち消す特効薬は、**合格までの具体的な学習カリキュラムを立て、それに基づき日々の課題を設定すること。後はやるだけ**です。

理Ｉ合格のＴさんは、その日に取り組んだ事柄を確認してからベッドに入るようにして、不安が生じる時間を作らないようにしたそうです。

嫌なこと　思い浮かべて　不安がる

43 合格する子は、ライバルを探す 落ちる子は、遊び友達を探す

➡競い合って向上するライバルを持つ

少し志望校を下げても現役合格を勧める教師が相当数います。
「浪人して予備校に行っても、偏差値が5以上上がる生徒は3割程度しかいない。中には現役時より成績が下がる生徒も相当数いるぞ」と脅しをかける人もいるようです。

その割合は別として、これはよく言われることですし、高校でも同じようです。高一の間はかなり成績の変動があるものの、高二以降はほとんどないと言います。

この点から考察すると、東大の**合格最低点に20点以内で届かなかった人が順番待ちの状態で次の年に合格している**ということだと思われます。彼らは悔しさがエネルギーとなって継続して勉強しているものです。

第3章　高校3年間で実践する学習習慣②実行編

さて、あなたは「こんなに勉強しているのに成績が上がらない」と悩んでいませんか。少し厳しいことを言うと、それは自分のことしか視野にないだけで、**単なる勉強不足です。東大に合格するため、みな膨大な学習時間を費やしているとご存じないの**でしょう。

このような人は、身近にライバルを見つけ競い合うことをオススメします。自分だけが勉強量が多いといった思い込みもなくなり、自分の努力を過大評価することがなくなり、1日1日を大切にして最大限の努力をしようという意識になります。どんな世界においてもライバルの存在が質の高い努力を継続する源になります。心に秘めた一方的ライバルでもかまわないので、探してみましょう。

理Ⅲに現役のとき1点差で不合格となり、次の年にリベンジしたNさんは、浪人時代のほうが現役時代より真摯に勉強に取り組んだそうです。また、文Ⅰ合格したDさんも現役時は3点差で不合格になったが「順番待ち」という気持ちになったことはなかったそうです。

友達は　避けて友人　探そうよ

第4章

高校3年間で実践する学習習慣
③テクニック編

44

合格する子は、受験日を目指す
落ちる子は、完璧を目指す

↓疑問留保で受験日まで最大限の努力を導き出す

数学が1問理解できなくて不安になる人がいます。

自分の課題を見つけて対応するのは大事なことですが、その解けない1問が気になって次の問題に進めないとなると「心配性」ではすまず、合格不合格に直接関係してきます。


大学受験には試験日があります。

それも、資格試験のように年に何回でもチャレンジできるものではありません。

ですから、受験日から逆算して準備しなければなりません。

この意識を強く持っていないと、本来の心配性のほうが勝り、1問に必要以上の時間をかけてしまうことになります。

高一の時点であればまだ「思考を練る」という側面もあるので、解けない1問に時間をかけてもいいでしょう。

しかし、高三であれば、その**わからない問題を留保して、わかる問題を効率的に処理し、全体を一応やった後、留保した問題の処理をどうするかを考える**べきです。

時間的余裕のある場合は再度チャレンジしたり、教えてもらったりしましょう。他の知識が身についた後に再チャレンジすると、意外とわかるものです。

学校で使用している問題集であれば友人や教師に教わるといいでしょう。

理I合格のEさんは高一のときから東大の入試問題にチャレンジし、わからない場合でも解法は見ないで、半年後に再チャレンジしたそうです。そして、半年後、1年後に同じ問題が解けたとき、自分の学力の向上を実感できたそうです。

試験まで　あと何日だ　日めくりで

45 合格する子は、生活を変えて学習時間を作り出す 落ちる子は、短時間でできる効率的学習法を探す

↓「最後までやり切る学習方法」の見つけ方

「1年間で偏差値40上げて難関大学合格!」

こんなキャッチコピーを見て「そんなバカな」と懐疑的にとらえる人がいる反面「え、すごい!」と感心する人もいます。ありえない話にしか聞こえないのに、それに飛びついてしまうのです。それは楽をして合格しようという人たちです。

受験勉強において一番重要なのは、効率を求めることではなく「目標を達成する」ことです。

残念かもしれませんが、「学問に王道なし」は単なることわざではありません。王様用でも、何様用でも、近道は存在しないのです。

少々効率が悪く時間がかかっても、継続できる学習法がその人には一番合っていま

すし、東大合格の観点から見ると一番効率がいいということにもなります。

何千、何百という学習時間が合格を実現させるのです。

では、どうすれば学習時間を作り出せるでしょうか。

ひとつの方法として、休憩時間・電車の中といった**「すきま時間」の活用**があります。しかし、これはしっかり学習時間を作り出そうという人にはオススメできません。

ここはやはり、東大を狙うのですから、その**覚悟でもって日常生活を一変する**のがいいでしょう。特に高校から東大を目指す人は時間的ハンデを自覚して取り組む必要があります。

まず、どのような日常生活にすると一番学習時間が確保できるかを考え、高校入学のとき、高二になったとき、部活が終わったときなど節目の時点から実行に移すのがいいと思います。

文Ⅱ合格のNさんは、高校からは放課後も午後9時まで学校で勉強する生活スタイルに変更して学習時間を確保したそうです。

楽の果て　三日坊主が　待っている

46 合格する子は、全国レベルの視野で戦う
落ちる子は、校内順位を争う

↓東大を目指すライバルを意識する

中学校までは、学年順位は重要な意味を持っています。

授業内容と校内試験はリンクしていますし、高校入試の内容にもリンクしているからです。また、高校進学に必要な内申書という点においても密接に関係しています。

しかし高校では、（推薦で進学する場合は別として）校内試験の学年順位は意味をなしません。東大入試では「内申点は加味しない」とはっきり書いてあります。

ですから意味があるのは高校卒業認定だけです。これがなければ大学受験そのものができませんから。

校内試験の順位は、東大の合格不合格と1ミリも関係しないので、たとえ上位をとったとしても慢心せずに、全国にいる強豪ライバルを意識して学習を続けましょう。

とはいえ、どうすれば全国を視野に入れることができるでしょうか。

第4章　高校3年間で実践する学習習慣③テクニック編

高校の行事として実施される業者模擬テストは、高校の教室で受けるので校内テストと雰囲気もさほど変わりませんし高校によって実施日も異なります。これではたとえ校内順位だけでなく全国順位が出ても視野が全国レベルに広がるとは思えません。

きちんと、同じ目標を持つ人々の中で自分はどの程度なのかを知りましょう。

特に**東大受験生は東大模試を受けなければ自分の立ち位置を知ることはできません**。なぜなら、大学入試センター試験英語で9割とった人でも、東大対策をしていない人は個別試験で3割もとれないのが実情です。それほど問題の質が異なるのです。

東大受験生は、学校の先生の協力を得ながら、まずは東大入試問題にチャレンジしましょう。

理I合格のGさんは、進んだ高校が進学校ではなかったということもあり、東大受験を表明したときから教師からの課題はほとんどなくなり、自分独自の勉強ができたそうです。当然、校内順位は下がりましたが、ずっと励ましてくださった教師には今でも感謝しているとのことです。

弁慶は　内から外へ　使い分け

47 合格する子は、解答スピードを気にする 落ちる子は、解答の正誤を気にする

↓

ストップウォッチは受験勉強の必需品

試験には解答時間の制限があります。

ですから、「**どのように試験時間を配分すれば実力を発揮できるか**」という視点の対策もとっておかなければなりません。

たとえば数学であれば、次のように段取ります。

①まず全部の問題に目を通し、一番取り組みやすい問題から番号を振る。

②合格最低点を参考にして設定した目標点を獲得する手順を考える。

もし、1問捨てることができれば、他の問題に時間を配分できます。そして、小問がある場合はたいてい最後の小問が難しいので、切り上げる決断をいつするかということも重要なポイントになります。

1問あたりの配点は、東大入試問題に付記されているものではありませんが、おおよそ推測できます。たとえば、理系数学では大問6題で120点なので、おそらく1題20点。他の科目においても問題数と配点からおおよそ推理できます。ネットで調べると配点予想も出ていると思います。

こうした推測と対応は、本試験でいきなりできるものではないので、過去の入試問題に挑戦する段階でこれも合わせ実践しておく必要があります。つまり、**問題の難易度を見抜く力**、言い換えれば着眼点を見抜く力をつけるのです。

一応問題練習が終わった人は、着眼点を見つける導入部分の練習だけするといいでしょう。わかった問題を最後まで解くのは時間の無駄です。

理I合格のWさんは、公式などの証明には納得するまで取り組んだけれど、入試問題については、問題文の出題趣旨とそれを解くための着眼点だけ考え、計算処理はしなかったそうです。わからなかった問題も着眼点だけ検討した結果、問題を見抜く目が磨かれたと語っています。

時間さえ　あればできたと　悔やむなよ

48 合格する子は、受験科目の配点で学習時間を配分する 落ちる子は、苦手科目の克服に時間を浪費する

↓ 学習時間バランスを保つ方法

勉強時間だけ気にして、その配分に気を使わない人が結構います。

特に高一のときに数学に時間をかけ過ぎる人が多くいます。これは学校の課題が数学に偏っているからということもあるかもしれません。

学校からの課題自体が存在しない最難関進学高校と違い、一般的な高校では、教科書だけでなく副教材で課題を出すことが多いようです。

そもそものお話をすると、数学受験のない私立文系への進学を希望する学生もクラスに少なからずいますから、十把一絡げに課題を与える教育は、大学受験の視点からするとマイナスということになります。

たとえば、数I・Aの教科書の内容理解だけにしぼり、校内テスト40点（赤点30点として）を目標にするのであれば、授業さえ聴いていれば家庭学習が0時間でもテス

ト前日に3時間もやればクリアーできるのではないでしょうか。

とはいえ東大受験生にとっては文類でもセンター試験・二次試験ともに数学がありますので、副教材まで勉強するのがいいと思います。ただ、教科書と重複する問題はスキップして時間を節約しましょう。

学習時間は、受験する科目の配点に応じて割り振るのがベストバランスです。

東大の受験科目の配点は、序章でお話ししたとおりです。

理I合格のFさんは、運動部だったので試験範囲に含まれる副教材の課題は原則としてやらなかったそうです。ただ、教科書の予習をして授業だけは集中して聴いたそうです。部活が終わった高三の7月からそれまで手をつけていなかった副教材を集中してやり、わからないところは担当教師に質問に行ったそうです。

配点で　学習時間　振り分ける

49 合格する子は、高一でセンター試験に取り組む 落ちる子は、高三でセンター試験に取り組む

➡早くから過去問に取り組む

高校入試では、中学課程の内容がだいたい修了した3学期に過去の入試問題に取り組むことが多くあります。

それは、中学での国語・数学・英語は中一の事柄を理解暗記していなくては中二の内容は理解できませんし、中二の内容を理解暗記していなくては中三の内容は理解できない「縦展開」になっているからです。

これに対して高校では、「ベクトルがわからなければ確率がわからない」ということはありませんし、「力学がわからなければ電磁気学がわからない」ということもありません。

つまり学習内容が縦ではなく横展開になっています。

ですから、高三にならなければ、過去の大学入試問題が解けないということはありません。

東大の個別試験においては、文系でも数Ⅰ・Aからの出題があります。

ですから、**数Ⅰ・Aを修了すれば、その範囲の東大入試問題にチャレンジするといい**と思います。

高校では学習進度に合わせて過去の試験問題に取り組むことができるのです。

文Ⅰ合格のOさんは進度の速い私立中高一貫校ということもあり、英・数・国のセンター試験の問題は中三から取り組んでいたそうです。東大の入試問題に関しても高一から取り組んでいたそうです。

過去問は　進度に合わせ　取り組もう

50 合格する子は、教科書修了段階で東大入試問題に挑む 落ちる子は、高三の二学期で東大入試問題を見る

↓ 教科書だけを参考に東大入試問題にチャレンジ

数学的思考力を鍛える方法について尋ねられることがあります。

そのときは、このように答えるようにしています。

「まず教科書を修了させなさい。

そして、教科書を参考にしながら東大数学入試問題にチャレンジしなさい」

東大入試の数学は、そうそう解けるレベルではないことは先刻ご承知だと思います。

それでも、**「教科書だけを参考に」解くと、考え抜く経験を積むことで思考スタミナをつけられる**効能があります。

ただ、思考力を練ることと、難解な東大入試問題が解けることとは、必ずしもリンクしません。

というのは入学試験には制限時間があるからです。

第4章　高校3年間で実践する学習習慣③テクニック編

時間無制限でわかるまで考え抜くことも重要ですが、受験生にとってはほとんどが時間的に余裕がないでしょう。中二までに中学高校の教科書内容を修了させ中三あたりで取り組むことができれば、数学を考える楽しさがわかるかもしれません。

それでも、このようにして身につけた「考え抜く力」は制限時間を設定されると充分発揮できない場合が少なくありません。

ですから、東大入試問題に取り組む時間は、高一の段階では1問3時間、高二の段階では1問2時間、そして、高三の8月までは1問1時間を限度として取り組むのがいいでしょう。

これだけでも数学的思考力は養われると思います。

理Ⅰ合格のHさんは中高一貫校ということもあり中三のときには数Ⅰ・Aは修了したので趣味で東大数学の問題を解いていたそうです。

センターは　易から難への　ストーリー

51 合格する子は、意識下の自分を変える 落ちる子は、自分の暗記能力を疑う

↓思考テクニックを磨く習慣

巷には「受験テクニック」として得点を獲得する方法がいろいろ宣伝されていますが、これから紹介する方法はそれらと異なり、思考習慣を前提とした「思考テクニック」とも言うべきものです。

私たちは暗記している漢字全部を常に意識しているかというと、そうではありませんよね。意識下の漢字メモリーに格納しておいて、必要なときには論理思考回路を使って、必要な漢字だけ思い出しています。

その中で読めても書けない漢字があったり、読めて書けても意味がわからない漢字があるので、漢字の「形」と「読み」と「意味」は別々に格納されているようです。

だから、漢字を暗記するなら、これらを区別して段階的に、知識が長期記憶になる

まで、くり返し学習するといいということになります。

同じように、「理論」は「知識」とは別なところに格納しています。

事柄の「暗記」と理屈の「理解」は根本的に異なるものですが、その違いをわかっていない子は、数学の問題と解き方をセットにして、事柄を暗記するように「知識」の部屋に格納してしまいます。すると、類似問題はできますが応用問題はできません。

そうした伸び悩む子を救うコツは、**思考習慣の修正**です。

私たちが問を自分に投げかけたとき、自動的に応用する理論が思い浮かぶのは、その情報を格納しているその人固有の論理思考回路を利用しているからです。

論理思考回路は、その人の思考習慣に反映されますが、新しい情報が入力されて格納するとき、新たに作られることもあります。

「暗記が苦手」「計算が苦手」「文章題が苦手」「読書が苦手」「数学が苦手」「英語が苦手」といった子も、**意識下における知識を豊富にし、各種の論理思考回路を作って**いけば、それらの問題は克服されるでしょう。

意識下の
思考回路が
習慣だ

52 合格する子は、数学の問題を分解して思考力で解く
落ちる子は、数学の問題を記憶力で解く

↓ 数学を本当に「考える」習慣

数学は論理そのものですから、小学校で学ぶ加減乗除の理論と計算スピード、割合を理解していれば、中高の数学が苦手であっても、一気にできるようになります。

ただし、問題を見ていきなり解こうとする子は、意識下で類似問題を検索し、その類似問題を思い出しながら数値の部分を問題の数値に置き換えて解いてしまいます。

これは知識を使った解き方で、受験界ではオススメの方法ですが、これで東大の入試問題をクリアーするには5000題以上の問題をこなさなければなりません。

東大数学を解くには、置き換えではなくホンモノの考え抜く力が必要です。

数学は「問題を解く」形式で出題されます。問題は条件と設問からなり、その条件は数学用語、数学記号、図形、そして、数字と文字を使って与えられています。

私の塾では、まず**問題文を分解して数学用語の概念、数学記号の意味、設問は何を**

求めているのかを確認させます。これらの確認が終わって初めて与えられた条件を使ってどのようにして設問に答えるかを考え始めるのです。

私のオススメは、まずなるべく早く数Ⅰ・A、数Ⅱ・Bまで、理類であれば数Ⅲまで修了することです。**修了とは、教科書にある公式はすべて証明でき、「数Ⅰ」と言われただけで数Ⅰの教科書に収録されている公式がよどみなくすべて書き出せること**です。これで意識下に高性能の数学論理思考回路を設置したと言えます。

次に、いきなり東大の入試問題にチャレンジします。東大の入試問題と言えども教科書に収録されていない理論（つまり公式）を利用することは絶対にありません。ですから、自分の高性能の数学論理思考回路をどう使うかを考えるのです。

その途中で答えまでたどり着く場合もあるでしょうが、たとえたどり着かなくても確実に思考力はアップします。ただ、そのまま放置するとストレスが溜まるので、必ず解説を読んで納得しておく必要があります。解答を見てもわからない部分があれば教師に説明してもらいましょう。

53 合格する子は、英文を英語耳で聞き英語頭で考える
落ちる子は、英文を一度日本語に置き換える

↓ 英語意味変換思考回路を作る習慣

東大入試では大学入試センターの英語のリスニングは利用しませんが、個別試験では英語の聞き取り問題があります。

英語が世界共通語となった現在、**日本語の論理思考回路を介さず、英語から英語へ直接意味変換できる思考回路を意識下に作らなければなりません。**そのためにも次のような手順で英語力を養成するといいと思います。

まず、英語音声受信機を意識下に作ります。

私たちは音を自然音・動物音・機械音・音楽・言語などに分ける受信機を作っています。英語音声は言語受信機に振り分けられるものの、日本語受信機しかなければ、英語と言えどもそこに入って、判別不能で不快な雑音として処理されてしまいます。

ですからまず、英語を発音する口の形、舌の位置、息の使い方などを知って、自分

が出す英語の音を聞くことで徐々に意識下に英語音声受信機を作りましょう。

次に、受信した音声を意味変換する装置を別に作らなければなりません。

それには、実際に五感で感知できる状態で英語を発声し、その品や事柄、状況といった意味と直接リンクさせるトレーニングをするのがいいでしょう。

そして、単語や意味と音をつなげるため、例文を暗記します。まず例文を暗記し日本語を見ただけで即座に英語に変換するスピード練習をします。次に音声教材を2分の一程度のスピードで聞きながらそれに合わせて発音練習します（シャドーイング）。そのスピードを徐々に上げてナチュラルスピードでもシャドーイングができるようにします。これで英語音声から意味変換する論理思考回路を作るのです。

その後、英文の意味変換に挑戦します。ここでは、蓄積した単語・熟語力などの知識と音声意味変換思考回路を使って英文の意味を聴き取っていきます。

リスニングが苦手だと思っている人は、この段階でも英文を暗記するところから始めましょう。高校英語教科書の1ページを1時間もあれば暗記できます。面倒がらず暗記から始めるのがいいでしょう。

リスニング　手順を知れば　間に合うよ

54

合格する子は、理科と生活を絶妙にからめ理解する

落ちる子は、理科の理論を覚えようとする

↓理科の知識のとらえ方

「物理」

物理は私たちも見聞きできる自然現象を対象としていることもあって、数学と異なり最終的にはおおよその数で表現します。

ただ、「木の葉も鉄も同じスピードで落ちる」と教えられ理論的には納得できても感覚的には受け入れることができません。このように意識下にある因果関係の思考回路をそのまま使うと戸惑い「物理はわからない」となってしまいます。

物理の厄介な点は、電磁気学や原子といった私たちの五感で捉えられない事象なども扱っていることです。**物理も数学と同様に、日常生活とは切り離して別世界の事柄としてとらえ、学び方も数学と同様**に考えましょう。

「化学」

化学「製品」は日常生活に密着していますが、化学で取り扱う「物質」は非日常的なものです。化学は物質を「構造」「性質」「変化」といった３つの視点から考える学問ですが、物質の構造といっても原子の構造から高分子化合物まで取り扱うので種類が多く、対応する性質も当然異なるので**暗記事項も多く**なります。加えて化学反応は自然法則によっておこなわれるので、**理論の理解も重要**です。

ですから、化学は意識下に蓄積する化学知識を豊富にし、化学変化を引き起こす論理思考回路も作っていかなければなりません。

「生物」

生物は「分類学」と呼ばれた時代もありましたが、現在ではＤＮＡなど分子生物学の領域が加わりミクロの世界も対象となり、**大学受験では自然界より顕微鏡の世界が中心**になりつつあります。意識下に多くの論理思考回路を作るという意識で取り組んでください。

高校は　思考回路の　構築だ

55 合格する子は、出題者や筆者の立ち位置を探る 落ちる子は、筆者の想いを探る

↓

大学受験に独特な読解力

「現代国語」

大学入試における「大学受験国語」は現代日本語の読解とは少し異なります。「大学受験国語」は、出題者が著者の意思とは関係なく一部分を切り取って問題文に利用し、解答を作っているだけです。ですから、設問に答えるとき、著者の意思を推測するのではなく「出題者は設問部分をどのように読み取っているのか」「なぜこのような設問を作成したのか？」「この設問は受験者のどのような能力を見出そうとしているのか？」「この選択肢は、本文のどの部分を言い換えているのか？」といった**出題者の視点で考える**必要があります。

解答の根拠は文章中に求めているはずですが、背景知識がなければ正確に読み取れない設問もあるので、できるだけ浅く広い一般教養は身につけましょう。

「**古文**」

大学受験古文は「竹取物語」「伊勢物語」「土佐日記」「源氏物語」以降の文学です。まずは**平安時代の日本人の精神世界を探索**する視点で読みましょう。ただ、支配者の間で流行った文学ですから当然**支配者の視点**で読み解かなければなりません。
鎮護国家の仏教から庶民救済の仏教へと変わった鎌倉仏教の出現によって文学も庶民文学が現れたと思います。それ以降は支配者階級に流行った文学は支配者の視点で読み解き、庶民階級で流行った文学は庶民の視点で読み解く必要があります。

「**漢文**」

官公庁の文書は、漢字の占める割合が高いですよね。これは律令時代からの支配者の表現形式です。官僚や法律家を目指す人は特に漢文に力を入れておいてください。
学び方は漢文独特の表現形式である**句形を例文ごと暗記する**ことをオススメします。そうすることによって意識下に漢文の意味変換思考回路が作られるからです。

受験では　相手にするは　出題者

56 合格する子は、歴史を権力から見る 落ちる子は、歴史を年号から見る

↓ **社会を学ぶ視点**

「日本史」

日本民族は農耕を中心にしてきたので、自力で完結する労働条件ではなく最後は自然の神に祈るしかありませんでした。本来的に日本の政治は権威による支配構造をしており、政治権力者が登場した後も権威的存在を必要としました。

ですから、日本史はまず**権威と権力を分けてそれぞれの視点から読み解く**必要があります。

「世界史」

各国の権力闘争の歴史と、**国家間の権力闘争の歴史**の２つの視点から読み解く必要があります。

第4章 高校3年間で実践する学習習慣③テクニック編

ですから、まず国別の権力闘争の流れを理解し、次に各国の年表を横断的に年代で切り、国家間の関係を軍事同盟・軍事衝突・経済関係・文化交流などの視点に分けて読み解く必要があります。

[地理]

地理は日本地理だけでなく世界地理も含んで2つの視点から、自然、地形、気候、人口、交通、産業、歴史、文化などの対策をしなければなりません。さらに都市や村落が抱えている問題点や現代社会の問題点も出題範囲なので**ニュースにも敏感に**なっておく必要があります。

[公民]

公民は東大の個別試験にはないので、大学入試センター試験の視点から対策をすればいいです。「倫理」「政治・経済」の教科書の索引の用語の意味が即座に出てくる思考回路を構築しましょう。

結論も 視点変われば 反対に

第5章

高校3年間で実践する学習習慣 ④直前編

57

合格する子は、センター試験に1か月前から取り組む
落ちる子は、センター試験を2か月前から取り組む

↓センター試験の出題意図と効果的対策

大学センター試験は、高校での基礎的な学習の達成度を判定するための試験です。ですから、その試験内容は高校の教科書の内容を逸脱することはありません。

東大を受験する生徒はこの大学入試センター試験と、東大が独自に作成した個別試験（二次試験）を受けなければなりません。

センター試験と二次試験の配点は各大学によって異なりますが、東大の場合1：4と、大きく差をつけています。

一般的には大学入試センター試験への配点の割合が高い大学が多いので11月からセンター試験に取り組む子が多いですが、**東大の場合は二次試験に重きが置かれているので、**直前の貴重な時間の配分を考えると**センター試験には12月から取り組めるように事前準備をしておく**べきでしょう。

第5章　高校3年間で実践する学習習慣④直前編

では、1か月前からの試験準備の手順を説明します。

まずは、**センター試験でしか受けない科目から取り組む**のがいいでしょう。文類であれば理科科目、理類であれば社会科目を**1週間程度で復習**します。逆に言えば、「直前1週間で総復習できるぐらいの準備はそれまでにやっておく」ということになります。

次に、**個別試験にはあるが配点が少ない科目**に取り組みます。文類であれば数学、理類であれば国語を**1週間で復習**します。

次の1週間は個別試験での120点科目に取り組みます。すでに個別試験対策でセンターレベルよりはるかに高度な内容まで対応する学力はついているでしょうが、センター試験は個別試験とは異なる視点で作成されているので、対応は必要です。

最後の1週間は利用した教材すべてにもう一度目を通すことをオススメします。読むというより「眺める」という感覚で目を通すのです。一瞬でも目に触れると意識下の知識が浮き上がった状態になり、問題を読んだとき思い出しやすくなります。

試験前　覚え込むより　思い出す

58 合格する子は、生活リズムを崩さない 落ちる子は、追い込みをかける

↓試験に平常心で臨む準備

ほとんどの私立高校では、大学入試センター試験後は自宅学習にしています。

また、公立高校でも登校は1月までで、2月からは自宅学習にしている高校が多いと思います。

高校生にとって、それまでは1日のスケジュールの中で学校で過ごす時間が多く、また、行き帰りの通学も基本的な生活リズムを作っています。

ですから、自宅学習期間に突入したとたん生活リズムを崩す人が少なからずいます。

とくに、危機意識が強く勉強に集中する人の中に体調を崩す人が多いようです。

それは生活リズムが崩れた結果と関係があると思われます。

学校の始業時間は決まっていますので、それから逆算して起床時間も決まった生活

第5章 高校3年間で実践する学習習慣④直前編

をすることになります。

その制約がはずれると、どうしても起床時間が遅くなる傾向があります。

それと連動して就寝時間も遅くなってしまいます。

これが生活リズムを崩す第一の原因だと思います。

そこで、通学のリズムを崩さないためにも、**通学時間に合わせて朝の散歩をすること**が有効だと思います。

これにはもうひとつ、有効なことがあります。

それは、毎朝冷気に触れておけば、試験当日も体調を崩しにくいことです。

家にこもって勉強ばかりして、試験当日1週間ぶりに外出するとなると体が異常反応して体調を崩す人がいるからです。

体調不良で実力を発揮できないことほど残念なことはありません。

細胞は 意志とは別に 生きている

59 合格する子は、二次試験前は1ページ1秒で復習する
落ちる子は、滑り止めの過去問対策をする

➜ **受験前21日は忘れていた事柄を思い出す**

大学入試センター試験は1月中旬に、国立大学の二次試験は2月下旬におこなわれるので、その間は1か月以上あります。

この期間をどのように過ごすかは合否に密接に関係します。

滑り止めの私立大学も複数受けることにして、受験日と受験日の間は次に受ける大学の過去問を忙しく解く人が多くいますが、これにより本命の東大二次試験の得点を下げてしまうことになると、本末転倒と言っていいでしょう。

知識として使えるようになるには、反復練習して定着させる期間が必要です。

試験直前に一番必要なことは総復習です。

理解し暗記した知識も、時間が経つにつれて忘れていくものですから、使用した教

材すべて、解いた問題すべて、ノートすべてをもう一度見直す時間を作りましょう。

ではどのようにして見直すといいでしょうか。

①まず全体を10日間で見直します。

②次に全体を５日間で見直します。

同様にして③３日間で、④２日間で、⑤試験前日に１日で、全体を見直すのです。

見直すとは「見て思い出す」ということです。

それなら覚え切った単語集とか問題集ノート類は極端な話、１ページ１秒で済みます。この１秒が大切なのです。この作業で一瞬思い出すと試験当日までは記憶がキープされますが、この１秒を惜しむと試験当日忘れている可能性が高くなるのです。

この**総復習21日間を費やせるぐらい余裕を持って、仕上げてほしい**と思います。

文Ⅲ合格のSさんは受験直前に、現役のときは過去問や模試の復習をガムシャラにやったが、再チャレンジでは予備校の教材と現役のときから使っていた教材の総復習にほとんどの時間を費やしたそうです。

総復習　二十一日　かかるぞよ

60 合格する子は、試験前日もゆったり過ごし運を信じる 落ちる子は、前日は緊張して眠りにつけない

↓最後に合否を決めるのは学力より気力、時の運

さて、待ちに待った試験当日です。

入試で実力を発揮するには、健康で、気力も充実して「元気である」必要があります。健康は、試験会場に入るまでにすでに勝負がついています。

病気になれば、実力は十分発揮できません。**試験直前には特に健康管理には注意を払う**必要があります。前日もできる限りゆったり過ごし、よく食べよく眠りましょう。

試験会場に入ってからは、その場の「気」に飲まれず、**試験開始前には深呼吸をして心を落ち着かせて「元気」を出す**ことです。

これは試験前だけに限ったことではありません。

数学などでは大問と大問の間で思考回路をリセットするために深呼吸を3回するといいでしょう。

そして、これを言ってはこれまで積みあげた努力は何だったのだ、とガックリされそうですが、**合格に至る最後の1%は、「運」**です。

東大はセンター試験で募集定員の3倍程度の人数に絞り込んではいますが、9000人の受験者があった場合、3060人しか合格しないので、当日調子が悪くて3100位になれば不合格ということになります。

さらに、東大受験者の実力差はほんのわずかです。

1点差で合格した人もいれば、1点差で不合格になる人もいます。

別の日に同じメンバーで受験すれば、合格者の3分の1程度は入れ替わる可能性すらあります。

それはまさに「運」と言えるかもしれません。

ですから、もし万が一不合格になった人は……

受験で「運」は使わなかったのですから、今後の人生においてその運は「人との出会い」で使えると思ってください。

深呼吸　思考リセット　元気でる

第6章

家族のサポート

61

合格する子は、母親が心と体のトレーナーになる
落ちる子は、母親がストレスになる

↓
笑顔さえあれば充分

トップアスリートにはほとんどトレーナーがついてサポートしています。それだけではなく、メンタルトレーナーもサポートしている場合もあります。

大学受験生においても体調サポートと精神状態のサポートは必要です。

まず、体調サポートの3大要素は、「食事」「睡眠」「運動」です。

食事に関しては**食事時間を決める**ことと、**栄養バランス**を考えた食事にすることです。塾や部活で、食事時間は子どものころのように完全に定めることが難しいかもしれませんが、暖かく導いてあげてください。

睡眠に関しては、睡眠時間も大切ですが、それ以上に**起床時間と睡眠時間を一定にして生活リズムのベースを作る**ことが重要です。夜型の勉強スタイルになってしまっ

ている子もぜひ、早く起こしてあげてください。

そして、**運動**に関して高校生は、部活を引退しても日ごろの通学でそこそこ体を使いますし、ランニングなどを30分週2回程度おこなえばいいでしょう。

安定した精神状態を維持するには、**毎日の気分転換や、週1回程度のストレス解消**が必要です。そこをガミガミ言うと、逃げ場がなくなります。

音楽を聞いたり、マンガを読んだり、ゲームをしたり、友達とおしゃべりするのも見守ってあげてください。ただ、マンガやゲームが止まらなくなり、予定していた勉強時間が確保できない事態を避けるため、最初から時間を決めておくといいでしょう。

ストレス解消と称して、好きな運動をするのも、カラオケに行くのも、釣りに行くのも有効だと考えてください。趣味でも目標や夢を持って取り組めばストレス解消になります。

ただ**一番のストレス解消は母親の笑顔**です。子どもの前ではいつまでも赤ん坊をあやす笑顔を心がけてください。

想い出す　母の笑顔で　癒される

62 合格する子は、父親が学習チェックのコーチになる
落ちる子は、父親は傍観者になる

↓ストップウォッチさえあれば充分

オリンピック選手のコーチの役割は、練習メニューの作成とそれに沿った練習をサポートすることです。

これを大学受験生にあてはめると学習計画を立てて、その学習計画に沿って勉強するのをサポートするコーチが必要だということになります。

残念ながらコーチのサポートを受けず孤独に勉強する受験生が、なんと多いことか。

高校の授業カリキュラムは、そのまま大学受験の学習計画にはなりません。

そこで、各個人が志望校に合わせた学習計画を立て、学習進度に合わせて学習し、チェックをして最適な計画に修正しつつ学習を継続することが必要です。

すでに2章で述べたので、お子さんが自分で学習計画とチェックテストを作成することはできます。しかし、「**学習計画の実行をサポートする**」という部分に関しては

ほとんどの高校生はコーチを必要としています。

ただ、自分の弱点を見せることになるだけに他人に頼むのを避ける子も多くいます。

そこで、父親がコーチ役となれば子どもにとってどれほど力強いでしょう。

そもそも内容がわからないのにコーチができるのかと不安もあるでしょう。

チェックテストはお子さんが作っていますから、コーチは単語テストであれば自己採点をさせてその点数を学習進度表に書き込めばいいだけです。英文暗記であれば、制限時間内に暗唱できるかどうか確認すればいいだけのことです。

数学のチェックテストであれば指定された範囲の問題から1問選び、お子さんが解いているところに立ち会うだけです。

そして、お子さんが解いている途中で止まり、10カウント過ぎたときには「アウト」の宣告をし、再チャレンジさせればいいのです。ただ、あくまで「10カウント」で10秒ではありません。長短自在な、プロレスのカウント風でいいのです。それは甘さではありません。親心です。

受験では　親子も同志　肩組もう

63 合格する子は、日々のログをとる
落ちる子は、不安や悩みで堂々巡りする

↓自分史（合格日記）の作成

東大受験生にとって、受験勉強は人生における試練の場とも言えます。

ただ、苦しみを受けるだけの苦難の場ではありません。取り組み方によっては学力向上だけでなく、心を鍛え磨く機会にもなります。

とはいえ受験生活は不安が常につきまといます。

不合格になる不安。でも不合格は、実際起こるかどうかわかりませんよね。

つまり、「実現するかどうかわからない将来の恐怖」を今日に持ち込んで、不愉快な1日を過ごしてしまっているわけです。

もし合格しても、不愉快に過ごした1日を愉快な1日に塗りかえることはできません。もったいないことですよね。

ぜひ「今日1日健康で過ごし、今日の学習計画を達成できた！」と喜びましょう。

そして「今」に集中してふり返る日記を書く習慣をつけると、不安が忍び込む隙が**できない**のでオススメです。

また、受験生には悩みはつきものです。

学校での人間関係、家族間の人間関係……

次から次へと新しい事柄が浮かんでは消え、浮かんでは消えの試行錯誤の状態の後には恨む、悔いる、悔しい、残念……と同じ考えが堂々巡りする状態になるものです。

でも、日記をつけていれば同じ事柄で同じ登場人物で悩み、堂々巡りの結果になっている現状に気づくことができます。

東大合格生の多くは、自己管理のために勉強のログをつけています。

本書で説明した学習進度表と並行して、ぜひ日記もつけてもらいたいと思います。

何でも書ける日記をプレゼントするのも、家族ができるサポートのひとつです。

合格は　自覚・覚悟で　ついてくる

終章

合格への道しるべ

名前	遠藤 謙太
科類	理科Ⅰ類
出身地	東京都
出身小学	足立区立千寿小
出身中学	渋谷教育学園渋谷中
出身高校	渋谷教育学園高
塾・予備校はいつから	高三から（自習室のため）
高校での部活動	卓球部 高三冬まで
東大志望時期	高一夏ごろ
東大以外の受験校	防衛医科大学

◎東大受験生に贈ることば

私は各科目の内容に対してさほど興味を持てませんでしたので、受験勉強中は学力を上げるための試行錯誤を楽しんでいました。自分自身を実験台と考えて、どうしたらやる気になるのか、集中力は続くのかなど、パフォーマンスを最大限に発揮するためにどうするのか、そんな自分のコントロール方法を学んだ受験勉強でした。

特別な勉強法はありませんが、常に自分のレベルに合った勉強をし続けられたことは学力を伸ばす上ですごく重要だったなと思います。たとえば、中学レベルの復習が済んでいないのに、高校2年生の定期テストを一生懸命対策しても、真の実力にはなりません。そう考えて、私は定期テスト対策を一切しませんでした。淡々と東大受験に向けて、必要なことを目移りせず、外野からの声を気にせず、着実にこなしていく。それが合格のポイントでした。

東大は世界的に見たら、本当のトップではもちろんありません。そして、人によって、東大に合う人、合わない人も存在します。だから盲目的に目指していい大学だとは思いません。しかし、私は東大に入って良かったです。日本人の、東大への信用力が非常に高いからです。東大生と言うだけで信用をされ、他大学に入っていたら決して手に入らなかったであろうチャンスがやってきます。この、日本で生きる上でのプラチナチケットには手に入れた人にしかわからない価値があります。東大を目指すと決めたら、合格を勝ち取り、ぜひこのチケットを使い倒してください。

◎東大受験生の親御さんへのメッセージ

私は母子家庭で育ちました。我が家は大学に行くこと自体が当たり前ではない環境でしたが、母は私の選択をすべて肯定してくれていました。そして、できる限りのバックアップをしてくれました。そのことに大変感謝しています。もちろん私が育っていく過程で母はさまざまな葛藤を抱えていたと思います。けれど、信じて、口出しせず、見守ってくれていました。東大を目指すことになってからの受験生活についても、私が東大に受かることを根拠もなく信じてくれていました。模擬試験や定期テストの結果に対しても、とやかく言うこともありませんでした。この信頼が私の東大合格に対して大きな要素になったことは間違いありません。

人としての道を踏み外さない限りは、口出しせず、見守るとお子様は後悔のない生き方ができるのではないかなと私は考えます。

名前	本橋 儀貞
科類	理科Ⅱ類
出身地	埼玉県
出身小学	所沢市立三ヶ島小
出身中学	所沢市立三ヶ島中
出身高校	埼玉県立浦和高
塾・予備校はいつから	15歳から
高校での部活動	テニス部 高三5月まで
東大志望時期	高三夏
東大以外の受験校	現役…東大のみ 浪人…東大理科二類、早稲田理工、慶応薬学、理科大理工

◎東大受験生に贈ることば

大学に入り、自分はＷｅｂライターとして４００本以上の記事を書きました。先日も某大手メディアに取り上げていただき、大きな反響を得ています。自分で書くだけでは飽き足らず、最近は社会人の方に文章力のセミナーを開いたりもしています。

思えば、このような精力的活動を続けられる胆力は、(現役・浪人を含めた) 受験生時代に身についたと思います。朝7時に御茶ノ水のマクドナルドで予習をし、夜は21時まで予備校の自習室に残りました。これと言って特別な勉強法はありません。自分のミスを丁寧にひとつひとつノートにまとめ、月の終わりには徹底的にそのミスを復習しました。一度したミスは暗唱できるくらいにまで覚え、二度と同じ間違いを犯さないように演習を重ねたことを覚えています。

ですから、東大に受かった理由は特に思いつきません。

現役時代は70点以上不足していましたが「落ちる理由」を丹念に潰し続けることで、なんとかボーダー6点超えで合格にこぎつけました。模試やテストの結果を気にするよりも、目の前のひとつひとつの問題を解くことに全力を注いでいたように思います。

「千里の道も一歩から」ではありませんが、足元を一歩一歩踏み進めれば、気づくと山頂にたどり着いているものです。

◎東大受験生の親御さんへのメッセージ

高三〜浪人時代、父も母も、勉強については一切口出しをせず、私を静かに見守ってくれました。母は毎日朝食を作り、弁当を持たせてくれ、遅い帰りを温かいご飯と共に待っていてくれました。父は決して安くない予備校の授業料、大学の受験料や入学金を払ってくれました。「お金のことは心配しなくていい」その言葉の重みを、就職を間近に控えた今になり、ひしひしと感じています。

一人ひとり人柄も能力も違うお子様をお持ちのみなさまに、私が助言をするのはたいへん不遜です。しかしひとつだけお伝えするとすれば、勉学のことで助言や持論があったとしてもグッと堪え、お子様が勉学だけに集中できる環境を整えてあげること。これが必要なのではないかと感じております。

名前	杉山　大樹
塾・予備校はいつから	中三の1年間のみ
科類	文科Ⅱ類
高校での部活動	演劇部　高三5月まで
出身地	愛知県
東大志望時期	高三の最初
出身小学	一宮市立赤見小
出身中学	一宮市立西成東部中
東大以外の受験校	センターのみ　早稲田
出身高校	愛知県立一宮高

◎東大受験生に贈ることば

勉強は誰にだってそんなに楽しいものではないです。でもその中で楽しみを見出そうとすることはできると思っています。できないことができるようになったり、目標を達成したりする達成感や、知らないことを知れる喜びはあると思うのです。

勉強法としては、自分でしっかり計画を練ることをお勧めします。誰かにやらされているとモチベーションが上がらなかったので、あくまで自分で決める。最後合格できるように、じゃあまずは1か月後の模試までに頑張るべきことを洗い出してみる。それをできる範囲で1週間分、1日分の目安に落とし込む。自分と約束すると、仕方ないからやるかと思えるものだったりします。

合格できたのは、実は部活に全力だったからではないかと思っています。演劇部での活動は高校時代の僕のほぼすべてを占めていました。ほとんどの時間をそこに捧げていた中で、テストの成績だけは落とさないように、最低限のすべきことを洗い出し、効率よくこなすことを覚えたのではないかと。

東大ではお笑いサークルを立ち上げて漫才をやっていました。東大UmeeTというサイトの編集長もしたり、やりたいことをやって充実しています。

◎東大受験生の親御さんへのメッセージ

小さいころからテストの点と連動してお小遣いが増減するような仕組みで、それが僕のモチベーション維持に合っていたようです。

特に高校になってからは、結果さえ出せば後は任せる、というような感じでした。そもそも親は2人とも地方大学出身で、「名古屋大学に行けたらすごいよね」くらいに思っていたので、受かればラッキーという感じで、プレッシャーはまったくなかったです。

妹が2人いて家がとても騒がしく、受験期は高校に近い祖父母の家に住んでいました。そういう工夫も許してくれたのは良かったです。

親の関わり方に正解を見いだすのはとても難しく、子どもとの相性によるんだとは思いますが、僕にとっては助かる親でした。

名前	渡辺 琢真
科類	理科Ⅱ類
出身地	東京都
出身小学	杉並区立沓掛小
出身中学	早稲田中
出身高校	早稲田高
塾・予備校はいつから	10歳
高校での部活動	剣道部 高二の夏
東大志望時期	15歳
東大以外の受験校	慶応大学，早稲田大学（センター），ICU（センター）

◎ 東大受験生に贈ることば

私は長時間座って勉強することが苦手だったため、席について学習している時間は1日あたり2時間程度でした。また授業を聞くのが苦手であり、高校から大学へ提出する調査書には成績が学年で最下位レベルと表示されていたほどです。

しかし、今から考えるとそれは幸運なことだったかと思います。なぜなら授業が聞ける人は普通「授業を聞いてしまう」わけですが、「授業を聞く」というのは非常に不利な選択だからです。授業に沿って学習をしている限り、他の人よりも早く学習を進めることはできません。これでは人よりもいい成績を残すことは困難です。

私は、学校で「普通に」勉強することが苦手だという方へメッセージを送りたいです。『「何かができない」ということは圧倒的な強みである』と。

高校生時代、授業を聞けなかった私は学習法の研究に没頭しました。過去の天才学者の学び方や考え方、効率的な仕事術や大学における知識創造の仕組み、教育学、経営学、などなどさまざまな角度から効率的な学習法を調べ尽くしました。

その結果として人よりも短い学習時間で東京大学へ合格することができたのです。このころに調べた知識は、今でも会社の経営などにも役立っています。「何かができない」ということは圧倒的な強みなのです。

◎東大受験生の親御さんへのメッセージ

私は「勉強しろ」ということを親に言われたことがありません。そしてよく勉強をしていたわけでもありません。そもそも親に「何かをしろ」と言われたことはほぼ一度もなく、散々好き放題やんちゃをして育ちました。

ただ「後悔をしないような生き方をしろ」ということだけは幼少期から常々言われていました。これは本当にありがたい教えであったと感謝しています。「やるべきこと」が一切親からは示されないため、何をするかをすべて自分で考えさせられたのです。2歳の時からです。2歳の時から親と議論し、自ら選択し、そして後悔するという経験を積まされたのです。その結果として自然と後悔のない生き方ができるようになりました。

ぜひお子さんを持たれる親御さんの参考になればと思います。

名前	木元　裕亮
科類	文科Ⅰ類
出身地	茨城県
出身小学	守谷市立御所ヶ丘小
出身中学	私立開成中
出身高校	私立開成高
塾・予備校はいつから	小四～六（全科目） 高二末～（数学）
高校での部活動	なし
東大志望時期	高二
東大以外の受験校	早稲田大学政治経済学部

◎東大受験生に贈ることば

私にとって受験はもはや10年以上も前のことですが、改めて思い返してみると、特に一日の勉強範囲・時間・場所などは決めていませんでした。

とはいえ、高三のころは、図書室や自習室など、場所を転々としながら、断続的ではあれ、ずっと勉強はしていたと思います。家では怠けてしまうので、家に帰らないこと、それが私なりの勉強の秘訣だったのでしょう。

東大に合格できた理由としては、特別な勉強法などはありませんが、学校や塾の授業といった、結局は他の人のペースで進むものに振り回されず、自分に必要だと自分が考えるものをマイペースにこなしていったのがよかったのだと思います。

大学生活に関していうと、私はそもそも「楽しむ」とか「打ち込む」とかとは縁遠い人間のように思いますが、だからこそ、最終的には「哲学」を専攻することになったのでしょう。

というのも、「哲学」とは、現状では「本当の生活が欠けている」という思いから出発して、何か「本当」のもの、何か新しいものと出会うために、学び続け、考え続けるという営みなのですから。

皆さんも、大学では、いろいろなことに触れ、何か自分なりに楽しめるものを見つけていっていただければと思います。安心してください、もしそれがどうしても見つからなければ、哲学をすればいいだけのことですし、東大であれば、専攻を途中で変えることも比較的容易なのですから。

◎東大受験生の親御さんへのメッセージ

当時はあまり意識することができなかったことですが、いま思い返すと、家族の私の受験勉強に対する関わりは、かなり理想的なものだったと思います。つまり、さまざまなサポートはしつつも、口の方はあまり出さないというものです。狭義の受験勉強に限られない、より広い知的な環境という意味でも、家族の寄与は大きかったと思います。

小学校に上がるころには祖父から漢和辞典を譲り受け、どういうわけかそれにハマってしまい、風邪で学校を休んだ日などは、一日中布団で読んでいたことを今でも覚えています。おそらく、こんな風にさりげなく、子どもの関心の方向に即しながら、学ぼうという気があれば学べる環境を整えてあげること、勉強という観点に限って言えば、それが子どもにとっては一番いいのではないかと思います。この場を借りて改めて家族に感謝を伝えたいと思います。

東大各学部と進路

◎法学部

東京大学法学部が１８７７年に創設されたのは日本国の中核を担う官僚を育成することも大きな目的のひとつでありました。それは大蔵省には東大法学部卒が中心となっていますし、財務省に改編された後もその役割を担っています。また、政界においても歴代内閣総理大臣16人を始め多くの国会議員を輩出しています。さらに、法曹界にも最高裁判所長官15人を始め裁判官、検事、弁護士として多くの人材を輩出しています。その他、経済、言論報道においても多くの先輩が活躍してきました。このような歴史的人物も先輩として身近に感じることができ高き志を貫く覚悟ができるのも本郷キャンパスです。

法学部には、原則として、文科Ⅰ類の学生が進学しますが、他の科類の学生にも20名程度法学部に進学できる道が開かれています。ただ、希望者が多数に上るため進学には定期試験で極めて高い成績が必要です。つまり、進学選択において文科Ⅰ類以外からの法学部進学のボーダーが極めて高得点です。

法学部には、第一類（法学総合コース）、第二類（法律プロフェッションコース）、第三類（政治コース）が置かれています。学生は、その希望に応じて、いずれかの類に所属します。この振り分けには試験はありません。

卒業後の進路は多方面にわたっていますが、どの分野においても将来リーダーとなる人物として期待されています。

◎経済学部

経済学部は、経済学科、経営学科、金融学科に分かれています。

経済学科は、主に経済システムの動きを理解することに役立つ経済理論と、その応用としての政策問題を学びます。また、経済全体の生産活動水準や失業、物価上昇率、経済成長の決定要因に関する理論なども学びます。さらにはそれらの経済状態をコントロールする政策に関わる分析も学ぶことができます。

経営学科では、企業経営にかかわるさまざまな方法に関することを学ぶことができます。経営管理、人事や商品開発、市場開拓、さらには財務の方法や資産の運用・調達に関する理論的方法とその実践、会計制度の現状とその歴史的推移、さまざまな商業の事情、企業経営に関する歴史的視点から学ぶこともできます。

金融学科は、急速な発達をしている金融理論を学びます。また、資産運用技術や企業金融、リスク管理技術などやそれに伴う経済のさまざまな側面に内在する歪みについても学ぶことができます。

ただ、経済学は数学を利用した経済理論も多くなり、金融工学という金融的なものに対して数字を使う分野もあり、最近では理科Ⅰ類、理科Ⅱ類から進学する学生もいます。

経済学部の卒業生は専門的知識を身につけプロフェッショナルとして経済を見ることができるので広い分野で活躍しています。

たとえば行政分野であれば財務省、経済産業省だけでなく厚生労働省、農林水産省、国土交通省などに入る人がいます。また、金融機関志望の人は日本銀行、政策投資銀行、国際協力銀行などを選択しています。特に、金融の分野では民間の企業を目指す学生も多く日本の銀行のみならず外資系の銀行を選択する人も出てきています。

さらに、国際的な経済に関心がある人は商社にも行きますし、グローバル企業においてグローバルな戦略をたてマーケティングを担っている人もいます。

◎教育学部

東京大学教育学部は学校の教師になるための学部ではありません。もちろん、社会（中学）地理歴史（高校）、公民（高校）、保健体育の教科についての一種の教員免許状を取得できます。さらに、司書・司書教諭の資格を取得することもできます。

また、社会教育・生涯学習施設・体育センターなどで専門職員として働くのに必要な社会教育主事の資格や博物館で資料の収集・保管・展示及び調査研究などの専門的職務に従事するのに必要な学芸員の資格も取得できます。

ただ、現場の教師を目指す人は教員養成系大学のほうが適していると思います。

東大教育学部では、文系・理系の枠にとらわれない柔軟性と幅広い視野を持ち個人・学校・地域・社会・文化・行政・国際・情報等さまざまな視点から教育を考えることができます。

このような幅広い視点で教育を考える能力を活かし社会のさまざまな分野で活躍することができます。たとえば、国家公務員となり教育行政に携わるといった直接的分野だけでなくマスコミ、出版、金融、商社などの国際的企業に進む人もいます。

また、40％前後は大学院に進学し、その後大学や研究機関での教育・研究者の仕事に従事する人もいます。

日本の教育を変えたい、日本式教育システムを世界標準に再構築して発展途上国の教育行政に貢献したい、学習効率のよい学習方法や教材を研究して子どもたちの学習負担を軽減したいといった高い志を持った人は東大教育学部を目指すのがよいと思います。

◎教養学部

東京大学では、旧第一高等学校の教育理念である教養教育（リベラル・アーツ教育）を引き継ぎ学部教育の基礎として重視しています。これまで前期課程として説明してきた教育は教養学部が責任部局となっています。その関係上教養学部の専門教育である後期課程も駒場キャンバスでおこなわれています。

教養学部後期課程は、学際性、国際性、先進性を理念に据えて、これまでの専門領域に捉われることなく多くの専門分野の視点を融合させて、急激に変化している社会やグローバル化による問題解決の研究がなされています。その研究成果は同時進行で学生の教育に反映されているようです。

教養学部は、文系の教養学科、文理融合分野を扱う学際科学科、理系の統合自然科学科から構成されていますが、授業の多くは理想的な少人数の環境でおこなわれています。

また、教養学部には、英語による授業のみで学位が取得できるコースがあります。この英語コースは世界から人材の集うグローバル・キャンパスを形成し、構成員の多様化を通じて、学生の視野を広く世界に拡大することを目的としています。

このように広い視野と分野横断的な知識を持った学生は、官公庁、国際機関、メディア、情報サービス、金融、商社、製造業などの分野における国内外のグローバルな諸機関、諸企業に進んでいます。

東大の学園祭には本郷キャンパスで開催される五月祭とは別に11月に駒場キャンパスで開催される駒場祭があります。これも教養学部の沿革からくる独自性の現れだと思われます。駒場祭は一・二年の学生有志によって構成される駒場祭委員会が企画し、運営しています。

◎文学部

文学部は東京大学創設時に設置された最も伝統のある学部のひとつです。

1877（明治10）年4月、東京開成学校を改組して法学部・理学部・文学部、そして、東京医学校を改組して医学部が設置され、旧幕以来の2つの研究教育機関を引き継ぐかたちをとって、東京大学が創設されました。この年1月末に始まった西南戦争がようやく政府軍優勢に傾いたころのことです。

東大の文学部は歴史・哲学・文学を学ぶ場として歴史を歩み始めましたが、130年の間に文学部の教育研究領域は拡大し、文字以外の文化を視野に収める考古学、美術史、音楽学、心理学、社会学なども加わっています。ただ、これらをさらに27の専修課程にすることによって少人数で学ぶスタイルが伝統的につらぬかれています。

文学部から「ことば」の視点から深く思考できる能力を活かし新聞社・出版社・放送・広告・情報通信はもちろんのこと、金融・商社といった民間企業から官公庁まで幅広い分野に進んでいます。

また、東大文学部は夏目漱石・芥川龍之介・太宰治・川端康成といった多くの作家を輩出しています。これからもわかるように文学部はただ単なる研究機関ではなく、日本文化を担う人を育成する場にもなっているようです。

◎工学部

東京大学工学部は、1886年総合大学に工学部を設置する世界で最初のモデルとして設置されました。当時は「殖産興業」の国是の下に西洋の科学技術を導入、人材を育成し日本の近代化の中核を担い、第二次大戦後においては「戦後復興」の国是の下に高度経済成長を牽引してきました。

現在の東大工学部は研究対象をエネルギー、環境、情報、知能、健康・医療等に拡大するとともに16学科に細分化して最先端の研究をしています。このことは工学部の附属施設・機構である総合研究機構、国際工学教育推進機構、水環境制御研究センター、量子相エレクトロニクス研究センター、エネルギー・資源フロンティアセンター、光量子科学研究センター、医療福祉工学開発評価研究センター、レジリエンス工学研究センター、スピントロニクス学術連携研究教育センター等の活動をみれば深い理解が得られると思います。

しかし、その内容は馴染みやすいものでないのも事実です。そこで東大工学部は小中学生や高校生、保護者の方々に「工学の魅力を伝える」アウトリーチ活動を行っています。

その一環として、小中学生向け東大テクノサイエンスカフェや高校生向けオープンキャンパス、さらには高校生の見学も受け付けています。地方の高校生も入学試験は東京であるわけですから、このような機会を利用して試験会場の下見もかねて参加してみるのもいいでしょう。それによって高いモチベーションを維持することができるかもしれません。

工学部の学生の80％近くが大学院研究科に進学します。また、民間企業に進む場合もほとんどが研究職のようです。

◎理学部

東京大学理学部は１８７７年東京大学が創設されたときに設置された学部のひとつです。そして、数学科、物理科、化学科（純生化学・応用化学）、生物学科（動物学、植物学）、星学科、工学科（機械工学、土木工学）、地質学科、採鉱冶金学科の８学科が設置されました。このとき小石川植物園は東京大学理学部付属となりました。

理学部は物質を構成する素粒子から、細胞は生物個体、地球規模の生態系、そして宇宙まであらゆる自然現象を研究対象としています。その研究を深めるため理学部にも付属施設・機構が多く、次のようなものがあります。

小石川植物園、臨海実験所、スペクトル化学研究センター、地殻化学実験施設、原子核科学研究センター、天文学教育研究センター、ビッグバン宇宙国際研究センター、超高速強光子場科学研究センター、遺伝子実験施設、木曽観測所、フォトンサイエンス研究機構、生物普遍性研究機構、宇宙惑星科学機構など。

理学部の学生の90％近くが大学院研究科に進学します。また、民間企業に進む場合もほとんどが研究職のようです。

◎農学部

東大農学部の歴史は古く1874年（明治7年）に現在の新宿御苑内に創設された内務省農事修学場までさかのぼることができます。農事修学場は、その後農学校となり、1877年（明治10年）から現在の駒場キャンパスを含む広大な土地に移り、日本の近代農学の発展の礎を築いてきました。その後帝国大学と合併し、東京帝国大学農学部となりました。現在は本郷キャンパスの隣の弥生キャンパスにありますが、実はこの場所には第一高等学校がありました。1935年（昭和10年）に敷地交換がなされ、第一高等学校が駒場に移り、農学部が弥生に来たのです。その第一高等学校が東京大学教養学部となったことは先ほど説明した通りです。

東大農学部では育てる生物の視点だけでなく土地利用、バイオテクノロジー、農業機械開発、社会制度、経営システムまで幅広く学べます。つまり、生命科学から生物資源学、環境科学、工学、経済学、社会科学まで広い学問分野が学べるだけでなく、それらを融合的に学ぶこともできます。

最近では分野横断型教育プログラムも充実し、産学官民連携型農学生命科学研究インキュベータ機構では、食の安全やバイオマス利用、農における放射線影響などについて、企業や行政、NPOなどと連携した現場での活動を通じた解決型教育も受けることができるようです。

また、農学部には弥生キャンパス以外に、全国各地に農場、演習林、水産実験所、牧場などの付属施設があります。学生もこのフィールドでの実習をすることがあります。付属施設を含めると、農学部の敷地面積は、東大全体の約99％を占めると言われています。

農学部の学生の70％近くが大学院研究科に進学しています。官公庁に進む人も結構いますが、民間会社では保険・金融にも相当数が進んでいます。

◎薬学部

東京大学薬学部は１８７７年東京大学創設時の医学部制薬学科としてスタートしましたが、１９５８年（昭和33年）４月から学部として独立しました。

薬学部には４年制の薬科学科と６年制の薬学科があります。

薬科学科では有機化学、物理化学、生物化学を機軸に化学系薬学、生物系薬学など広範な分野を学び創薬科学研究者や基礎生命科学研究者を目指すことができます。

薬学科では医療薬学、社会薬学、創薬学を機軸に医療系薬学、社会系薬学、創薬系薬学など分野を学んで創薬開発研究者を目指したり、医療行政に携わることを目指すこともできます。また、先導的薬剤師としての役割を担うには適していると思いますが、開業薬剤師を目指すのであれば適しているとは言えないでしょう。

薬学部の学生のほとんどは大学院研究科に進学します。それ以外の進路を選択する人はほんの数名しかいません。

◎医学部

東京大学医学部は１８７７年東京大学が創設されたときからの学部であり、日本の医療分野の発展に寄与しています。さらに、最近は創造的研究のみならず国際的指導者の育成にも力を入れているようです。

ですから、理科Ⅲ類を受験する時点から、直接人の命にかかわる臨床医としての覚悟だけでなく、医療分野のさまざまな問題を解決し人類に貢献するという自覚も求められているようです。理科Ⅲ類に面接が課せられているのは、その自覚と覚悟を見定めるためではないかと思います。

ただ、他の科類とは異なり、理科Ⅲ類は無条件ではありませんが全員が医学部へ進学できます。これは大学受験において相当ストレスのかかる環境下におかれていたと考えられるので、教養学部での2年間は定期テストでストレスをかけることなく倫理観の養成も含めて受験期のストレスを抜く措置なのかもしれません。

ですから、理科Ⅲ類からは定期テストは平均6割程度で進学できます。ちなみに、理科Ⅰ類・理科Ⅱ類・文科Ⅰ類・文科Ⅱ類・文科Ⅲ類から数名医学部に進学できますが、その場合は定期テストの平均点は9割以上のことすらあります。東大生だけが受けるテストで9割という点数は想像を絶するものがあります。これは、前述した自覚と覚悟が試されているのかもしれません。

医学部医学科の学生の中には医師国家試験を受けず大学院研究科に進み基礎医学研究に没頭する人もいるようですが、ほとんどの学生は医師国家試験を受けて臨床医として研修を受けているようです。医師免許を取得した後研究生活に入るほうが臨床研究もできるので研究分野は広くなると思います。

たし算九九			日本教育工学研究所

1 たし算九九問題1　氏名

年　月　日
タイム　分　秒

九九問題

$9 + 2 =$	$7 + 1 =$	$6 + 7 =$	$9 + 5 =$
$3 + 0 =$	$8 + 7 =$	$9 + 8 =$	$0 + 1 =$
$4 + 4 =$	$8 + 6 =$	$1 + 8 =$	$8 + 0 =$
$5 + 4 =$	$9 + 7 =$	$8 + 5 =$	$1 + 7 =$
$6 + 2 =$	$9 + 1 =$	$2 + 8 =$	$5 + 0 =$
$0 + 9 =$	$7 + 2 =$	$5 + 8 =$	$0 + 6 =$
$3 + 4 =$	$7 + 8 =$	$6 + 8 =$	$5 + 3 =$
$2 + 0 =$	$0 + 2 =$	$8 + 9 =$	$6 + 5 =$
$2 + 1 =$	$5 + 7 =$	$0 + 9 =$	$8 + 8 =$
$6 + 3 =$	$6 + 1 =$	$2 + 7 =$	$4 + 7 =$
$2 + 2 =$	$7 + 5 =$	$7 + 7 =$	$3 + 2 =$
$9 + 0 =$	$8 + 2 =$	$7 + 6 =$	$8 + 4 =$
$5 + 2 =$	$8 + 3 =$	$3 + 7 =$	$4 + 3 =$
$9 + 9 =$	$3 + 1 =$	$1 + 9 =$	$4 + 0 =$
$5 + 1 =$	$5 + 6 =$	$9 + 3 =$	$3 + 8 =$
$4 + 1 =$	$7 + 9 =$	$3 + 6 =$	$0 + 0 =$
$7 + 3 =$	$5 + 9 =$	$6 + 6 =$	$1 + 6 =$
$9 + 6 =$	$1 + 1 =$	$9 + 4 =$	$2 + 5 =$
$4 + 8 =$	$0 + 3 =$	$5 + 5 =$	$1 + 4 =$
$3 + 3 =$	$1 + 2 =$	$2 + 9 =$	$3 + 9 =$
$3 + 5 =$	$1 + 0 =$	$1 + 5 =$	$4 + 6 =$
$0 + 5 =$	$0 + 7 =$	$6 + 9 =$	$8 + 1 =$
$2 + 6 =$	$6 + 4 =$	$1 + 3 =$	$4 + 9 =$
$2 + 3 =$	$0 + 4 =$	$7 + 0 =$	$7 + 4 =$
$4 + 2 =$	$0 + 8 =$	$4 + 5 =$	$2 + 4 =$

ダウンロードはこちら　**https://edulab.jp/todai/**

日本教育工学研究所
『東大に「合格する子」と「落ちる子」の中高6年間の勉強習慣』特設ページ

ひき算九九問題1　氏名

年　月　日
タイム　分　秒

9 - 7 =	4 - 4 =	12 - 9 =	11 - 5 =
16 - 8 =	16 - 7 =	7 - 7 =	6 - 6 =
3 - 1 =	5 - 2 =	10 - 6 =	15 - 9 =
13 - 6 =	6 - 2 =	13 - 9 =	7 - 4 =
8 - 4 =	4 - 2 =	3 - 3 =	13 - 8 =
12 - 3 =	15 - 6 =	11 - 3 =	8 - 3 =
8 - 7 =	8 - 6 =	18 - 9 =	11 - 4 =
4 - 0 =	9 - 3 =	8 - 1 =	9 - 1 =
10 - 5 =	8 - 0 =	11 - 9 =	15 - 9 =
8 - 5 =	14 - 7 =	17 - 9 =	0 - 0 =
13 - 5 =	6 - 4 =	10 - 8 =	10 - 2 =
6 - 1 =	7 - 3 =	15 - 7 =	9 - 0 =
12 - 6 =	5 - 0 =	1 - 1 =	13 - 7 =
5 - 4 =	12 - 7 =	13 - 4 =	14 - 8 =
7 - 0 =	2 - 2 =	6 - 0 =	10 - 4 =
14 - 6 =	10 - 1 =	8 - 8 =	2 - 1 =
11 - 8 =	4 - 3 =	16 - 9 =	11 - 7 =
7 - 6 =	9 - 9 =	6 - 5 =	7 - 1 =
7 - 5 =	12 - 8 =	8 - 2 =	14 - 5 =
10 - 3 =	5 - 3 =	1 - 0 =	7 - 2 =
3 - 2 =	17 - 8 =	12 - 4 =	9 - 4 =
9 - 5 =	2 - 0 =	9 - 6 =	12 - 5 =
15 - 8 =	10 - 7 =	10 - 9 =	4 - 1 =
5 - 5 =	11 - 6 =	5 - 1 =	9 - 2 =
9 - 8 =	3 - 0 =	11 - 2 =	6 - 3 =

かけ算九九問題1 氏名

年 月 日

タイム 分 秒

6×2＝	4×7＝	4×4＝	5×1＝
3×9＝	9×1＝	9×5＝	5×7＝
6×3＝	8×9＝	2×5＝	0×3＝
8×8＝	6×8＝	9×3＝	2×2＝
7×9＝	1×4＝	5×9＝	6×4＝
5×4＝	6×7＝	4×2＝	0×4＝
4×5＝	6×9＝	2×3＝	3×6＝
9×8＝	3×8＝	5×8＝	7×8＝
5×0＝	0×6＝	9×2＝	1×8＝
1×7＝	3×2＝	3×1＝	7×0＝
9×9＝	0×9＝	1×5＝	4×3＝
7×3＝	1×6＝	2×9＝	2×6＝
1×3＝	0×7＝	2×7＝	0×2＝
7×4＝	8×0＝	8×6＝	9×6＝
8×1＝	1×0＝	4×8＝	8×3＝
6×5＝	5×6＝	1×2＝	8×2＝
4×1＝	4×9＝	3×4＝	2×8＝
2×1＝	7×7＝	2×0＝	3×5＝
7×6＝	0×9＝	3×3＝	1×9＝
9×4＝	5×3＝	8×5＝	3×7＝
8×4＝	0×8＝	0×1＝	4×6＝
5×5＝	9×7＝	1×1＝	0×9＝
0×0＝	6×6＝	7×2＝	0×5＝
0×3＝	6×1＝	0×9＝	2×4＝
5×2＝	7×5＝	4×0＝	8×7＝

日本教育工学研究所

わり算九九問題1　氏名

年　月　日

タイム　分　秒

54÷6 =	3÷3 =	8÷8 =	24÷6 =
6÷3 =	27÷9 =	32÷4 =	10÷2 =
0÷9 =	2÷1 =	16÷2 =	7÷7 =
12÷6 =	20÷4 =	1÷1 =	7÷1 =
25÷5 =	24÷3 =	64÷8 =	16÷8 =
36÷4 =	24÷4 =	6÷1 =	0÷4 =
5÷1 =	18÷3 =	72÷8 =	6÷2 =
42÷6 =	8÷2 =	0÷5 =	0÷1 =
0÷0 =	28÷4 =	21÷3 =	0÷8 =
18÷6 =	81÷9 =	45÷9 =	8÷4 =
15÷5 =	45÷5 =	30÷5 =	24÷8 =
12÷2 =	32÷8 =	2÷2 =	0÷2 =
36÷9 =	5÷5 =	12÷4 =	36÷6 =
14÷7 =	18÷9 =	3÷1 =	10÷5 =
40÷5 =	0÷7 =	4÷2 =	0÷6 =
0÷3 =	40÷8 =	6÷6 =	35÷7 =
35÷5 =	49÷7 =	48÷8 =	
21÷7 =	9÷3 =	48÷6 =	
15÷3 =	20÷5 =	27÷3 =	
63÷9 =	16÷4 =	4÷4 =	
14÷2 =	9÷1 =	4÷1 =	
28÷7 =	42÷7 =	30÷6 =	
56÷8 =	8÷1 =	63÷7 =	
56÷7 =	18÷2 =	12÷3 =	
9÷9 =	72÷9 =	54÷9 =	

おわりに

最後までお読みくださいまして、ありがとうございます。

『東大に「合格する子」と「落ちる子」の中高6年間の勉強習慣』という本書の主張は、いかがだったでしょうか。

今回、このような切り口で担当編集者の藤田知子さんより提案され驚きましたが、藤田さんの編集200冊目という記念号に抜擢していただいたことに栄誉を感じ、執筆することにいたしました。

受験本は未経験の分野なので不安もありましたが、藤田さんからの鋭い加筆修正の要請と多くの東大生の協力のもとにどうにか最終原稿までたどり着くことができました。

本書で述べた事柄の源流は田中メソッドであり、他の拙著の主張と変わるところはありません。

田中メソッドの研究開発には4つの視点があります。

4つの視点のひとつ目は「暗記が苦手だと勘違いしている子」に「覚え切らせる」。

2つ目は、教え込むのではなく「理屈を気づかせる」。

3つ目は、「文章題が苦手」「難問が理解できない」と勘違いしている子に、思考過程を省かず「考え抜く」習慣をつけさせる。

4つ目は「オーダーメイド学習計画」を立てさせることです。

これらは研究室などではなく、30年以上にわたる子どもたちとの学び合いから生まれたものです。


発刊に際し、前作に引き続きコンビを組ませていただきました明日香出版社編集部の藤田知子さん、そして、私たちをつねに見守り適切なアドバイスをくださいました同社社長の石野栄一さんにこの場をお借りしてお礼を申し上げたいと思います。

なお本書で紹介した各種フォーマットや、本書では書き切れなかった内容を、日本教育工学研究所のWebサイトで発信しております。ご興味のある方はぜひご覧ください。

日本教育工学研究所
『東大に「合格する子」と「落ちる子」の中高6年間の勉強習慣』特設ページ
URL：https://edulab.jp/todai/

2018年1月　本郷にて　田中 保成

日本教育工学研究所

日本教育工学研究所は、現在の教育制度を覆い尽くしている集団授業を中心とする年齢別の画一的教育に代わる一つの選択肢として、日本に伝統的に存在した段級制に代表される、自学自習を中心とした個人別到達度教育を研究するために、2003年に設立されました。
その最終的な目的は、研究の成果を実践的な教育手法として体系化することで、自学自習を中心とした個人別到達度教育を、日本のみならず世界の教育現場において活用できるオルタナティブな指導法として提供することにあります。

日本教育工学研究所は以下のような取り組みもしております。

■東大受験アドバイス
（学力は不問・必要なのは高い志のみ、世界全域対象）
担当：木元裕亮
お問い合わせ先：kimoto@neelab.jp

■スーパーキッズ育成アドバイス
（学力は不問・必要なのは高い志のみ、世界全域対象）
担当：石井勇那
お問い合わせ先：ishii@neelab.jp

■田中メソッド研究会事務局
（田中メソッドに興味のある方対象）
担当：遠藤謙太
お問い合わせ先：endo@neelab.jp

その他のお問い合わせ：info@neelab.jp

〒113-0033　東京都文京区本郷5丁目1-16　VORT本郷2F

■著者略歴
田中 保成（たなか　やすなり）

日本教育工学研究所代表

1950年 広島県生まれ。1969年 修道高等学校卒業。1973年 中央大学法学部卒業。埼玉県春日部市の個人指導塾で30年間、小学生から高校生までを指導。子どもたちと徹底的に付き合い、「できない子」のつまずきを克服してきた指導方法には定評がある。

現在、東大赤門から1分の本郷事務所を東大生にも知的交流の場として開放し、自らもディスカッションに参加している。

主な著書に『一生つかえる国語力が3週間で身につく本』（明日香出版社）『消える学力、消えない学力』『使える学力使えない学力』『地頭力も合格力も鍛える最強ドリル統計』（ディスカヴァー・トゥエンティワン）『五七五でみにつく一年生のかん字』～『五七五でみにつく六年生の漢字』（ポプラ社）『あなたにも解ける東大数学』（PHP）

などがある。

◆日本教育工学研究所
http://edulab.jp

本書の内容に関するお問い合わせ
明日香出版社　編集部
☎(03)5395-7651

東大に「合格する子」と「落ちる子」の中高6年間の勉強習慣

2018年　2月　26日　初版発行

著　者　田　中　保　成
発行者　石　野　栄　一

〒112-0005 東京都文京区水道2-11-5
電話 (03) 5395-7650（代　表）
　　 (03) 5395-7654（FAX）
郵便振替 00150-6-183481
http://www.asuka-g.co.jp

明日香出版社

■スタッフ■　編集　小林勝／久松圭祐／古川創一／藤田知子／田中裕也／生内志穂
　　　　　　営業　渡辺久夫／浜田充弘／奥本達哉／野口優／横尾一樹／関山美保子／
　　　　　　　　　藤本さやか　財務　早川朋子　AFP　平戸基之

印刷　美研プリンティング株式会社
製本　根本製本株式会社
ISBN 978-4-7569-1951-9 C0036

本書のコピー、スキャン、デジタル化等の無断複製は著作権法上で禁じられています。
乱丁本・落丁本はお取り替え致します。
©Yasunari Tanaka 2018 Printed in Japan
編集担当　藤田知子

子どもを「伸ばす親」と「ダメにする親」の習慣

池江　俊博

「ああ、またやってしまった」と子育てで後悔していませんか？もう大丈夫です。本書は、良い例・悪い例で対比しておりますので、やるべきことがすぐに実践できます。今日からの育児が劇的に良くなる本です。

定価 1400 円＋税　B6 並製　192 ページ
ISBN978-4-7569-1727-0　2014/08 発行